エッセンシャル ESSENTIAL
経営分析

石崎忠司

同文舘出版

まえがき

　財務諸表を一目見て，当該企業の業績が良いのか悪いのか判断できる人は多くないであろう。むしろ金額の大きさと勘定科目の意味に戸惑うこともあるのではないか。利益が業績の良否を示すことは理解できても，財務諸表には売上総利益，営業利益，経常利益，税引前当期利益，当期純利益が示されている。なんとなく当期純利益をみればいいように考えられても，果たして企業規模に相応しい利益額かどうかとなると判断に迷うのではないかと思われる。

　経営分析は，字義どおり経営の分析であり，その特徴は財務諸表を中心に経営活動の良否を明らかにするところにある。財務諸表は，経営活動の結果を貨幣単位で統一的に把握したものであるから，貨幣価値で捉えられないものは財務諸表には反映されない。財務諸表に示される業績は悪いが，海外に流出させてはいけない技術をもっている企業，大震災に全社あげての社会貢献をしている企業，雇用確保のため地元になくてならない企業は，少なくない。こうした質的な良否は，定量的な分析が中心の経営分析では評価できないか，評価できても限界がある。

　このような定性的な側面の分析は，多変量解析を用いた実証研究によって定量的な分析として行われるようになってきている。現在の経営分析の主流は実証研究であり，伝統的な分析手法を取り上げている本書は，この意味で時代遅れの書物かもしれない。しかし，実証研究も伝統的な経営分析を基礎として行われているのであり，本書のタイトルであるエッセンシャル程度の基礎的な知識をもっていることが少なくとも必要である。

　大企業を対象にした経営分析では，理論どおりの結論を導くことができても，零細企業や中小企業を対象にした経営分析では，理論どおりにならないことが少なくない。規模が小さいと人的要因のウエイトが高くなり，

赤字であっても経営者の信用や個人財産によって破綻が回避される一方で，チェック機能がないか働かないため，倫理観や社会的責任の欠如，ワンマン経営や公私混同が行われ，財務諸表が実体を示していない場合もある。これから明らかなように，経営分析は，単にいくつかの比率を算定し比較すればいいというものではない。経営分析は，数値の背後にある経営の実体を見抜くことが目的であり，経営に関する広い知識をもっていないと，的を射た分析にはならない。

　本書は，質的な分析の重要性を指摘しながら，環境経営の分析，CSR経営の分析，人的資源分析など企業行動の質的側面の分析については取り上げておらず，また，戦略との関連を考慮しなければならないと主張しながら，取り上げ方がきわめて不十分である。しかし，理論的な考え方にもとづいて執筆しており，経営分析の基本書として利用できるように配慮した。

　最後に，出版を認めていただいた同文舘出版と刊行にあたって多々お世話いただいた同社の青柳裕之氏に心から御礼申し上げたい。

　　2011年9月

　　　　　　　　　　　　　　　　　　　　　　　　　　　　石崎　忠司

エッセンシャル経営分析●もくじ

第1章 経営分析の基礎

第1節 経営分析の概念 … 2

第2節 経営分析の体系 … 3

第3節 経営分析の技法 … 5

第4節 分析資料としての財務諸表 … 8
1 分析資料の種類　8
2 分析資料の限界　10

第5節 分析手順 … 10
1 指標の比較　10
2 比率の分解　11

第6節 経営過程の遡及による分析 … 13
1 結果変数・中間変数・原因変数　13
2 良否の原因追求の事例　15

第2章 成長性分析

第1節 企業目的と成長性 … 18

iii

- 1 企業目的 *18*
- 2 成長の概念 *18*

第2節　成長要因の分析 ······ *22*

- 1 企業の成長要因 *22*
- 2 経営管理 *26*

第3節　成長性の測定・分析 ······ *26*

- 1 成長率の分析 *26*
- 2 成長可能性の分析 *27*

第3章　収益性分析

第1節　収益性の概念 ······ *34*

第2節　資本利益率の分析方法 ······ *35*

- 1 総資本利益率 *35*
- 2 自己資本利益率 *37*
- 3 経営資本営業利益率 *37*

第3節　株主価値と資本利益率 ······ *38*

- 1 株主価値要因と関連指標 *38*
- 2 株主価値向上策と自己資本利益率 *40*

第4節　収益性評価の留意点 ······ *43*

- 1 国別収益性の特徴 *43*
- 2 規模別特徴 *44*
- 3 戦略別特徴 *45*

第5節　収益性の分解分析 ……………………………………………………… 46

第6節　採算性の分析 …………………………………………………………… 47

 1 収益力指標としての売上高と利益 47
 2 売上高利益率の分析 48

第4章　活動性（資金運用力）分析

第1節　活動性の意義 …………………………………………………………… 52

 1 収益性，安全性の分析視点としての活動性 52
 2 資本回転率の概念 53

第2節　資本回転率の種類 ……………………………………………………… 54

 1 総資本回転率 54
 2 売上債権回転率 56
 3 棚卸資産回転率 58
 4 固定資産回転率 59
 5 減価償却率 61

第5章　損益分岐点分析

第1節　損益分岐点を利用した採算性分析 …………………………………… 64

 1 損益分岐点の概念 64
 2 損益分岐点分析の利用 65

第2節　図表による損益分岐点の求め方 ……………………………………… 66

    1　基本的な損益分岐図表　*67*
    2　限界利益方式の損益分岐図表　*69*
    3　限界利益図表　*70*

第3節　公式による損益分岐点の求め方と応用 ……… *71*

第4節　損益分岐点分析の前提と費用の分解 ……… *74*

    1　損益分岐点分析の前提条件　*74*
    2　費用動態（コスト・ビヘィビア）　*75*
    3　固定費管理の重要化と費用分解　*76*

第4節　費用分解の方法 ……… *78*

    1　個別費用法　*79*
    2　総費用法　*81*

第6章　安全性分析

第1節　企業倒産の要因 ……… *88*

    1　戦略的リスクと管理的リスク　*88*
    2　倒産要因の多様性　*88*
    3　倒産要因としての組織の脆弱性　*90*
    4　経営破綻へのプロセス　*91*

第2節　安全性の概念 ……… *93*

    1　恒常性と適応性　*93*
    2　静態的均衡と動態的均衡　*94*

第3節　安全性分析の留意点 ……… *96*

    1　評価上の留意点　*96*

2　分析上の留意点　　*97*

第4節　安全性分析の方法 ………………………………………………… *98*

　　1　分析方法の種類　　*98*
　　2　分析手法の開発　　*100*

第5節　貸借対照表にもとづく静態的安全性分析 …………………… *101*

　　1　短期的安全性の分析　　*101*
　　2　長期的安全性の分析　　*104*
　　3　長期的安全性と短期的安全性の総合的評価　　*106*

第6節　損益計算書にもとづく動態的安全性分析 …………………… *108*

第7章　キャッシュフロー分析

第1節　資金管理の原則 ……………………………………………………… *112*

　　1　キャッシュフロー情報の意義　　*113*
　　2　キャッシュフロー計算書の構造　　*115*

第6節　キャッシュフローによる安全性分析の方法 ………………… *116*

　　1　キャッシュフローの組合せによる分析　　*116*
　　2　キャッシュフローに関係づけた比率分析　　*117*

第8章　生産性分析

第1節　付加価値の概念 ……………………………………………………… *120*

　　1　付加価値の計算式　　*120*

2　付加価値計算書　*123*

第2節　生産性分析 …………………………………………………………… *123*

　　1　生産性の概念　*123*
　　2　生産性の分解　*125*

第3節　分配分析 ……………………………………………………………… *126*

第9章　むすびにかえて　─分析結果の報告─

第1節　総合評価の必要性 …………………………………………………… *130*

第2節　経営分析の報告書 …………………………………………………… *132*

第3節　経営分析のエッセンス ……………………………………………… *133*

　　1　分析の意義　*133*
　　2　『日経経営指標』の比率　*134*

エッセンシャル
経営分析

第1章

経営分析の基礎

第1節　経営分析の概念

　経営分析は，企業の経営活動の良否を明らかにするとともに，その原因を解明することである。この意味で，経営分析には評価と分析の機能が含まれる。評価は価値判断であり，価値判断は，時代，立場，国，環境（経済環境，社会環境，地球環境等）によって異なる。

　経営分析は，「財務諸表分析」「財務分析」「企業分析」などといわれる場合もある。これらには，分析対象などニューアンスの違いはあるものの内容的に大きな違いはない。また，経営分析は企業評価および業績評価と密接に関連している。一般的には，企業評価は一定時点における企業価値評価のことをいい，業績評価は一定期間に達成された経営活動の成果（パフォーマンス）の評価をいう。

　証券分析などファイナンスの理論における企業評価は，株主価値の測定・評価に焦点が当てられており，将来キャッシュフローの予測を重視する未来志向的なアプローチが中心である。経営分析も戦略樹立などの意思決定に資する情報提供を目的にする場合には，未来志向的な分析が重視される。

　管理会計の重要な機能である業績評価は，一定期間の経営活動の結果の良否を明らかにすることが目的であり過去志向的である。経営分析は業績評価のために有効な手法であり，財務諸表にもとづいて良否の原因を明らかにする点では過去志向的である。

　近年，企業評価の重要化にともない「経営分析・企業評価」と冠する書籍がみられるようになってきた。これらの著書から，経営分析の発展方向が，未来志向的な評価，非財務的な価値評価，総合的な評価にあることが窺える。

　簿記，原価計算，財務会計など「財務諸表の作り方」の会計に対して，経営分析は，「財務諸表の見方」の会計である。この意味で経営分析論は

会計学の一領域ということができる。経営活動の良否を貨幣価値によって一元的に示す資料は財務諸表しかないので，経営分析は財務諸表の分析が中心になる。しかし，財務数値だけでは経営活動の良否を分析できない。経営分析といわれるのは，財務に中心をおきながらも戦略，管理の全体を対象にして分析するためである。

　財務諸表を分析するステークホルダーは，株主・投資家，債権者などの資本提供者に限らず，監督官庁，顧客，取引先，従業員など多岐にわたっている。企業に利害や関心をもつステークホルダーが増えるにしたがって，経営分析は，財務的側面以外の分析に拡大し，文字通り経営の分析になってきている。

第2節　経営分析の体系

　経営分析を行う場合には，分析体系を考慮に入れて，効果的，効率的に行う必要がある。分析体系は，①分析主体（誰が），②分析目的（何のために），③分析視点（どの観点から），④分析対象・資料（何にもとづいて），⑤分析方法（どのように）という5つの柱からなる。分析主体によって，分析目的，分析視点，分析対象・資料，分析方法が決まってくる。たとえば，株主・投資家（分析主体）は，投資目的（分析目的）のために収益性（分析視点）を損益計算書（分析対象・資料）によって資本利益率（分析方法）によって，経営の良否を明らかにすることに関心をもっている。

　経営分析は，一般に分析視点から体系化される。分析視点には，収益性，安全性，成長性，生産性という財務的側面の視点に加え，社会性（社会的責任，環境責任）という非財務的側面の視点がある。経営分析は，19世紀末のアメリカでの安全性分析を嚆矢として収益性分析，成長性分析へと拡大し，さらに近年，社会的責任，環境責任などについての質的分析が重視

されるようになってきている。成長性，収益性，安全性，生産性は，企業目的の達成にかかわる良否であるのに対して，社会的責任や環境責任は，目的達成のための企業行動にかかわる良否である。

企業の目的は持続的に成長することである。ただし持続的成長性は，サスティナビリティの概念に照応する超長期的な概念であるため，測定可能な期間を対象にした成長性によって分析する必要がある。収益性と安全性は成長性の制約条件であり，成長性を達成するためには収益性と安全性が達成されていなければならない。収益性と安全性は，「車の両輪である」といわれるのはこのためである。また，社会性も実現されていないと，ステークホルダーから批判を受け，組織の存続が困難になる。不祥事によって破綻に追い込まれる企業が後を絶たない点を鑑みれば，社会性は，企業評価の重要な視点である。環境責任に関してはISO14000，社会的責任に関してはISO26000として国際基準化されているので，評価基準として参考になる。

以上の関係を考慮に入れて経営分析の体系を示せば，**図表1-1**のようになる。

図表1-1　経営分析の体系

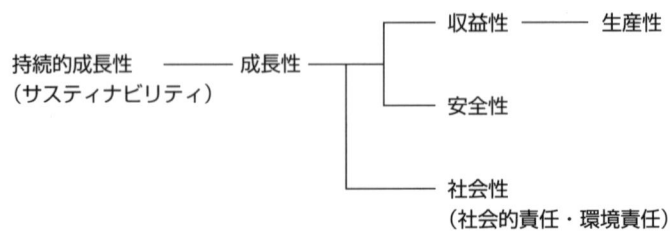

第3節　経営分析の技法

　経営分析は，各種の方法で行うことができる。分析の方法は，大きくみると定量的分析と定性的分析，静的分析と動的分析，実数分析と比率分析，単変量解析と多変量解析に分けることができる。

　定性分析は質的な分析であり，数値で把握しにくい内容の分析である。近年，経営分析の研究方法として実証研究が主流になってきており，それにともなって多変量解析による分析が重視されるようになってきた。ただし，特定企業についての分析には多変量解析は適さない。また，多面的な視点を考慮した分析方法として，バランスト・スコアカードによる分析が注目を集めている。

　定量的分析は，分析方法の中心であり，**図表1-2**に示すように体系化できる。

図表1-2　定量的分析の分類

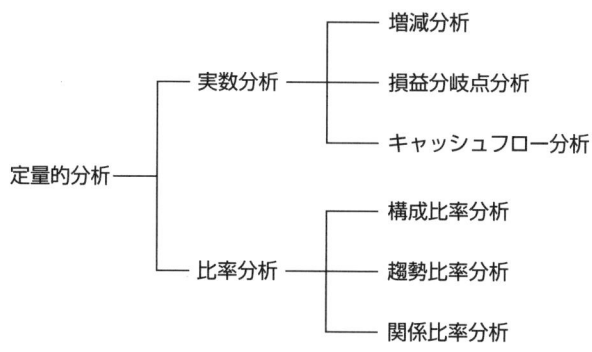

　静的分析は一定時点の状態について分析する方法をいい，動的分析は2期間以上の変化について分析する方法である。また実数分析は貨幣数値や

物量数値をそのまま用いて分析する方法であり，比率分析は実数相互の関係を分析する方法である。

実数分析の代表的なものは増減分析，損益分岐点分析，キャッシュフロー分析である。増減分析は，2期間の財務諸表項目の増減関係を分析する方法である。損益分岐点分析は採算関係を，キャッシュフロー分析は収支の状態を分析する方法である。

比率分析は，経営分析の最も重要な手法であり，経営分析といえば比率の解析が中心である。比率を用いる分析には，構成比率分析，趨勢比率分析，関係比率分析がある。

構成比率は，財務諸表の各項目が全体に対して占める割合をいう。損益計算書については売上高を100％，貸借対照表については借方および貸方合計をそれぞれ100％として計算する。分析を行う場合には，損益計算書は報告式，貸借対照表は勘定式で分析するのが便利であり，構成割合を示した百分率損益計算書と百分率貸借対照表を示せば，**図表1-3**のとおりである。

有価証券報告書に掲載されている損益計算書，貸借対照表には，すでに構成割合が示されている場合もある。構成割合をみることによって，損益計算書からは業種特性，戦略を読み取ることができる。たとえば，製薬業界では売上総利益率（粗利益率）が50％を超えるとともに，研究開発比率が20％を超える企業が少なくない。差別化戦略をとっている企業では売上総利益率が高いとともに差別化のための広告宣伝費や研究開発比率などが高い。逆に低価格戦略をとっている企業では売上総利益率が低く，その分販売費一般管理費も低いという特徴がある。

趨勢比率は，財務諸表の各項目の過年度の数値と比較した増減率をいう。数期間の増減率によって期間的変化の動向を明らかにすることができる。趨勢析では，一般的には5年以上10年くらいの変化を検討することが求められる。5年から10年という期間に理論的根拠があるわけではないが，分

図表1-3　百分率財務諸表

百分率損益計算書

売上高	100%
売上原価	
売上総利益	
販売費・一般管理費	
営業利益	
営業外収益	
営業外費用	
経常利益	
特別利益	
特別損失	
税引前当期利益	
法人税等	
当期純利益	

百分率貸借対照表

流動資産		負債	
当座資産		流動負債	
棚卸資産		固定負債	
その他の流動資産			
固定資産		純資産	
有形固定資産		株主資本	
		資本金	
無形固定資産		資本剰余金	
		利益剰余金	
		△自己株式	
投資その他の資産		評価換算差額等	
繰延資産		少数株主持分	
資産合計	100%	負債純資産合計	100%

析期間を長くすることによって，①隠されていた問題点や本来の実力の顕現化，②環境変化の影響の反映が可能になる。

　関係比率は，特殊比率とも単純に比率ともいわれ，異なる系列の2つの数値の相対値を示す。分子，分母の対応が有意であり，比率自体が特定の意味を有している。関係比率，特殊比率という名称は，このような比率の

特徴に由来している。たとえば，経営分析の嚆矢とされる流動比率は，流動資産と流動負債を対比した短期的な支払能力を示す比率である。

第4節　分析資料としての財務諸表

 分析資料の種類

　分析に用いる資料は，会計的資料と非会計的資料に分けられる。会計的資料の主たるものは，金融商品取引法にもとづく有価証券報告書と会社法にもとづく事業報告書である。前者には詳細な財務諸表が，後者には要約財務諸表が含まれている。

　財務諸表には，①種類別に，損益計算書，貸借対照表，キャッシュフロー計算書，附属明細表，株主資本等変動計算書があり，②発行時期別に，年次財務諸表，中間財務諸表，四半期財務諸表がある。また③会計単位別に，連結財務諸表と個別（単体）財務諸表がある。

　財務諸表は，表示，形式および内容について金融商品取引法と会社法の規制を受けている。金融商品取引法と会社法に大きな差異はないが，金融商品取引法ではキャッシュフロー計算書の作成が必要であり，内容において詳細な記載が要求されている。

　分析においては金融商品取引法による財務諸表が情報量の点で有用である。ただし，金融商品取引法の対象会社は，上場企業などの大規模株式会社会社に限定されている。それ以外の企業については，会社法にもとづく財務諸表を利用することになる。

　財務諸表は，金融商品取引法の有価証券報告書，会社法の事業報告書に掲載されている。有価証券報告書には，①企業の概況，②事業の状況，③設備の状況，提出会社の状況，④経理の状況などが記載されており，詳細

な会社情報をみることができる。会社法の事業報告書は，当該事業年度における経営活動の全体像を要約的に報告するものであり，主要な事業内容，営業所および工場，株式の状況等が記載されている。有価証券報告書，事業報告書のいずれにも，財務諸表からは直接把握することのできない事項が掲載されており，財務数値の裏づけに欠かせない。有価証券報告書は政府刊行物サービス・センターや大手の書店で購入できるとともに，インターネットでみることもできる。

　財務諸表を用いる場合に若干留意しなければならないのが，安全性分析と損益分岐点分析を行う場合である。キャッシュフロー計算書は，連結財務諸表として作成・報告され，個別財務諸表としては作成・報告されていないので，親会社の安全性を分析する場合には，別途キャッシュフロー計算書を作成する必要がある。また，連結財務諸表には，販売費一般管理費の詳細な勘定科目が示されていないので，連結ベースの損益分岐点を算定することができない。企業集団の損益分岐点を算定する場合には，親会社の固定費と変動費の割合を企業集団に当てはめて，算定するといった便宜的な方法をとらざるをえない。

　財務諸表は企業の経営活動を貨幣価値で測定し表示することに重点があるため，経営活動の定性的側面についての把握が困難である。精緻な分析を行うためには，計数的な財務情報と経営活動のプロセスにかかわる保有資源，経営戦略，ブランド力，資本系列などの定性的な非財務情報をあわせて分析することが必要である。非財務情報は多種多様であり，入手が難しい場合も少なくない。しかし，新聞，雑誌，社史などからも入手できる非財務諸表は少なくなく，情報入手の努力が企業実態の正確な分析に結びつく。

　なお，定性的な分析において重要なCSRに関する情報は，環境報告書，サスティナビリティ報告書，CSR報告書などによって入手することができる。これらの報告書は，会社に頼めば送ってもらえるし，インターネットでみることもできる。

分析資料の限界

　分析技法が向上しても分析資料としての財務諸表の制約から，安全性の分析には限界がある。安全性を分析する場合の主要な資料は，いうまでもなく財務諸表である。分析資料が，「目的適合性」「信頼性」「比較可能性」「不偏性」などに問題があると，正確な分析を行うことができない。

　分析資料としての財務諸表の限界として，①オフバランス項目，②取得原価主義から生じる含み資産，③計算構造に入らない環境関連項目など，④会計処理の自由選択による限界，⑤決算日などの相違による限界などがある。

　経営分析は，会計情報の限界に加えて会計政策によっても限界を画されている。会計政策としての利益平準化政策，ビックバス政策（ある時点で多額の赤字を計上することによって経営を建て直し，次期以降にV字回復を図る政策）は，経営の実態を隠したりかく乱したりするので評価を困難にする。財務諸表の比較可能性を確保するためには，**図表1－4**にあげるような要件か必要である。これらの要件のうち継続性の遵守や正確性の確保は経営者の意識の向上によって可能であり，比較可能性を高めるために特に重要である。したがって，分析資料としての財務諸表の質は，これらの要件によって左右されるといえる。

第5節　分析手順

 指標の比較

　経営の良否を明らかにするためには，分析指標について自己比較（歴史的比較）と相互比較が必要である。自己比較は，自社の傾向をみることを

図表1-4 財務諸表の比較可能性確保の要件

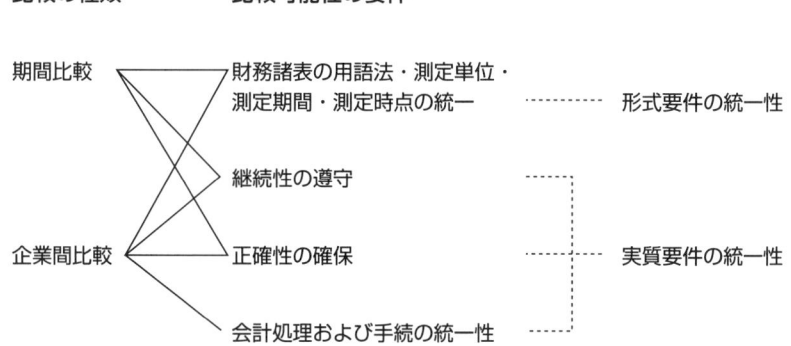

目的とし，前年度あるいは特定の過年度を基準として趨勢をみる方法である。相互比較は，業界平均，直接的な競争相手，最も優れている企業などと比較する方である。最も優れている企業と比較することによって，その経営手法を自社に取り入れる方法をベンチマーキングという。他社との比較および業界平均との比較には次のような統計資料を利用するのが便利である。

①日本経済新聞『日経経営指標』
②日本生産性本部『付加価値分析』
③中小企業庁『中小企業の経営指標』
④TKC全国会『TKC経営指標（BAST）』

❷ 比率の分解

関係比率は，分解することによって良否の原因がどこにあるかを検討できる。分析とは分解であるということができるが，分解による検討の後，元に遡り全体としての評価に結びつける必要がある。この意味で，分析は分解と総合からなるといえる。

図表1-5　比率ピラミッド

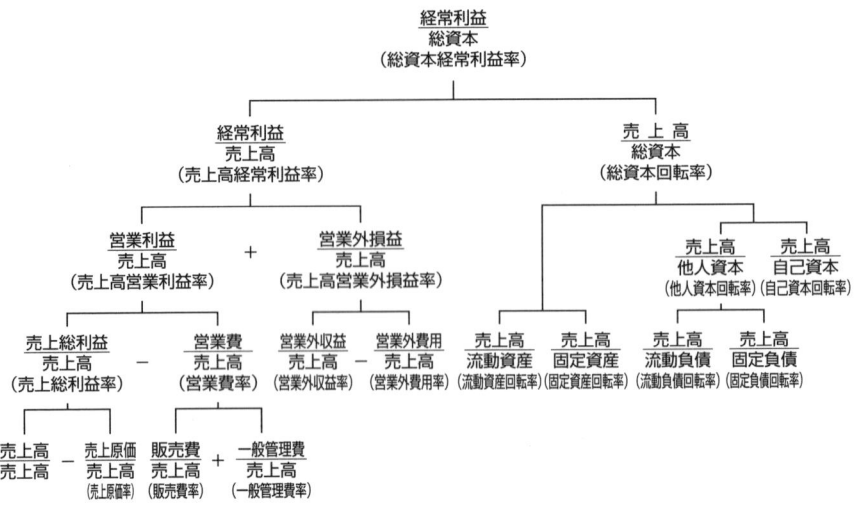

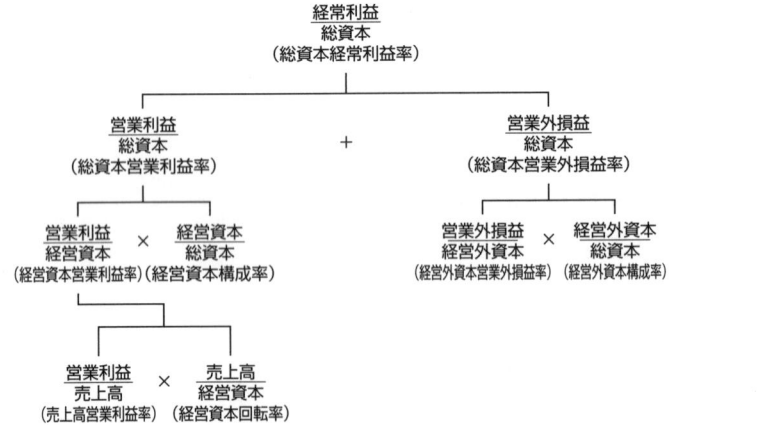

　比率の分解にはきまった方法があるわけではない。比率を分解していくと，ピラミッドになるので比率ピラミッドといわれる。収益性の代表的比率について，比率ピラミッドのを示すと，**図表1-5**のようになる。

第6節　経営過程の遡及による分析

結果変数・中間変数・原因変数

　財務諸表は，経営活動の結果を示すものである。したがって財務諸表の分析は，結果の良否の分析であり，結果をもたらした原因を明らかにするためには，経営過程を遡って分析する必要がある。経営過程は，戦略の樹立→戦略にもとづく経営管理→経営活動の結果としての財務業績として捉えることができる。それぞれ原因変数，中間（媒介）変数，結果変数に相当する。経営分析は，逆に，結果変数→中間変数→原因変数へと遡る分析ということができる。分析には，分解だけでなく全体としてどう評価するかという点で総合が必要である。総合は，戦略→管理→財務業績という経営過程全体の総合評価ということができる。

　各変数の分析比率は多数あるが，次のような比率を例示することができる。

原因変数の分析比率
（研究開発）

$$売上高研究開発費率(\%) = \frac{研究開発費}{売上高} \times 100 \quad \cdots\cdots(1)$$

$$新製品売上高比率(\%) = \frac{新製品売上高}{全製品売上高} \times 100 \quad \cdots\cdots(2)$$

$$新製品の割合(\%) = \frac{3年間の新製品}{全製品数} \times 100 \quad \cdots\cdots(3)$$

（物的投資）

$$\text{有形固定資産回転率（回）} = \frac{\text{売上高}}{\text{有形固定資産}} \quad \cdots\cdots (4)$$

$$\text{設備投資率（％）} = \frac{\text{設備投資額}}{\text{有形固定資産}} \times 100 \quad \cdots\cdots (5)$$

（人的投資）

$$\text{教育訓練費率（％）} = \frac{\text{教育訓練費}}{\text{売上高}} \times 100 \quad \cdots\cdots (6)$$

（環境投資）

$$\text{環境保全投資率（％）} = \frac{\text{環境設備投資額}}{\text{設備投資額}} \times 100 \quad \cdots\cdots (7)$$

中間変数の分析比率

（購買管理）

$$\text{原材料回転率（回）} = \frac{\text{売上高}}{\text{原材料}} \quad \cdots\cdots (8)$$

$$\text{買掛債務回転率（回）} = \frac{\text{売上高}}{\text{買掛債務}} \quad \cdots\cdots (9)$$

（生産管理）

$$\text{操業度（％）} = \frac{\text{実際の生産量}}{\text{可能生産量}} \times 100 \quad \cdots\cdots (10)$$

$$\text{仕掛品回転率（回）} = \frac{\text{売上高}}{\text{仕掛品}} \quad \cdots\cdots (11)$$

（販売管理）

$$\text{売上高成長率（％）} = \frac{\text{前年度売上高}}{\text{当年度売上高}} \times 100 \quad \cdots\cdots (12)$$

$$\text{売上高総利益率（％）} = \frac{\text{売上総利益}}{\text{売上高}} \times 100 \quad \cdots\cdots (13)$$

（人的資源管理）

$$退職率(\%) = \frac{退職者数}{従業員数} \times 100 \quad \cdots\cdots (14)$$

$$欠勤率(\%) = \frac{欠勤者数}{従業員数} \times 100 \quad \cdots\cdots (15)$$

$$能力認定者率(\%) = \frac{能力認定者数}{教育訓練受講者数} \times 100 \quad \cdots\cdots (16)$$

❷ 良否の原因追求の事例

　良否の原因追求に2000年代初めのソニーを取り上げると，次のように分析することができる。ソニーは，世界のソニーとして超優良企業とみなされてきた。しかし，出井伸之CEOの時代に業績が伸び悩み，とくに2003年4月24日の決算発表が減収減益でそれまでの業績予想と大きく乖離したため，株価の大幅下落と経営者への不信を惹起した。ストリンガーCEOの下で経営の立て直しが図られているものの，現在も以前のような強さを回復してはいない。

　ソニーの結果変数に示される業績低下は，以下のような中間変数としての生産，販売にその原因を求めることができる。まず生産面については，①ウォークマンの改革の遅れによるiPodの市場侵食，②本業のエレクトロニクス事業から映画，音楽事業への傾斜：製品売上高構成比（エレクトロニクス：61％，ゲーム機事業：13％，映画事業：11％，音楽事業：7％，その他：8％），販売面については，①パソコンVAIOの高価格維持政策による販売台数30％減少，②液晶テレビの価格下落への対応の失敗を指摘できる。

　このような生産，販売の不振は，製品ブランドへの過信によることに加え，液晶パネルは，自社生産するよりは他社から仕入れた方が得策である

と考えた戦術の失敗による。液晶テレビの販売競争が激化し値下げ競争に陥ると，液晶パネルの値下げがネックとなって対抗できなくなった。VAIOの強気の差別化政策も，故障しやすいという弱点が知られるようになると販売にブレーキがかかってしまった。

　ソニーの蹉跌の原因は，原因変数としての戦略に起因している。CEOの出井伸之氏の経営には，次のような3つの特徴がみられた。①前CEOの大賀典雄氏の手がけたハードとソフトの相乗効果を狙う戦略の呪縛から逃れられなかった。ハードメーカーはハードの開発に集中する方が有利で一般的であるが，大賀氏はハリウッド進出によってCDプレーヤーとの相乗効果を狙う戦略を立てた。出井氏は，抜擢人事でトップになったこともあってか，大賀路線を修正することはなかった。②出井氏は，カンパニー制の導入，取締役会の委員会制の徹底，業績評価指標としてEVAの採用などアメリカ型の経営，アメリカ型のファイナンスを志向した。その結果，物づくり精神が希薄化し現場軽視を招いた。③CEOの在籍期間が長くなり，戦略の転換が遅れた。

　ソニーの蹉跌は，以上のように原因変数にまで遡ることができ，ブロードバンド志向が本業重視の必要性，技術重視の経営風土の重要性を弱体化した結果ということができる。

第2章

成長性分析

第1節　企業目的と成長性

 企業目的

　営利企業の目的は，いうまでもなく利益あるいは収益性である。しかし，成長あるいは成長性であるといわれることもある。さらには付加価値の創造であるとか顧客満足であるともいわれる。これらは，企業目的に対する焦点の当て方が異なるためである。利益最大化のためには成長が必要であり，利益と成長は表裏の関係にある。また，利益の最大化あるいは成長の持続のためには，顧客が満足する製品・サービスを提供することが必要である。顧客が受け入れる製品・サービスは，顧客にとって意味があるということであり，付加価値を創造していることに他ならない。

　ただし，企業目的を利益とすると短期的利益の追求になりやすく，CSR（企業の社会的責任）の不履行につながりやすい。利益最大化のためには持続的成長が必要であり，持続的に成長するためには，顧客，従業員，地域住民など非資本提供者への配慮が必要になる。

　持続的成長は，超長期的概念であり測定不可能な理念というべきである。持続的成長は，トリプルボトムラインといわれる環境，経済，社会・文化のサスティナビリティに照応する概念として意味があり，この意味からも企業の目的は持続的成長というのが適切である。持続的成長を測定するためには，5年とか10年という測定可能な期間で捉えた長期的成長に置き換える必要がある。

 成長の概念

　成長性は，①規模の拡大，②質の向上，③ライフサイクルの進展という

3つの概念で捉えることができる。

(1) 規模の拡大

　一般的に成長という場合，規模の拡大を指す。規模拡大は，経営活動の手段である資産額や従業員数などの規模で捉えることも，企業目的である売上高や利益などの規模で捉えることもできる。規模拡大の指標としては，目的達成度を示す指標としての利益の増大が重要である。わが国では売上高が重視され，売上高至上主義の結果，利益をともなわない成長が少なくなかった。売上高やマーケットシェアは，企業の競争能力，経営者の手腕の結果であるが，過当競争やデフレ状況の下では利益なき売上に陥りやすい。

(2) 質の向上

　質の向上は，経営行動の改善であり，社会的責任，環境責任などの向上である。利益追求が行き過ぎて不祥事を起こす企業が少なくない。不祥事を起こした企業の多くが破綻に陥っており，破綻しないまでもコーポレート・ブランド，製品ブランドの低下を招来し，業績を落としている。グローバル化，地球環境の悪化により，従来は問題視されなかった経営行動が許されなくなってきている。たとえば，外国人従業員に対する差別的な処遇，環境悪化を随伴する経営活動などは内外から批判され，企業環境は大きく変化している。

　質の向上を評価・分析するためには，有価証券報告書，環境報告書，サスティナブル報告書，さらにホームページなどに掲載されている非財務情報を用いることができる。質の向上を定量的に分析することは簡単ではない。しかし，環境に関連づけた指標の開発や環境格付の試みが行われている。

(3) ライフサイクルの進展

　ライフサイクルの進展は，生物のライフサイクルのように，製品や事業が開発期→成長期→成熟期→衰退期と進展していくとみなす比喩である。製品や事業がライフサイクルのどの段階にあるかは，売上高（販売量）の変化によって分析する方法と業界の伸び率と自社のマーケットシェアの組み合わせによって分析する方法がある。後者は，製品ポートフォリオ分析といわれ，経営戦略のポジショニング理論として流布した。しかし，ポジショニング理論に偏重した戦略樹立には無理があり，現在はポジショニング理論にのみ立脚して戦略を立てることはない。

　売上高の変化によるライフサイクル分析と製品ポートフォリオ図表によるライフサイクル分析は，**図表2-1**，**図2-2**のように示すことができる。

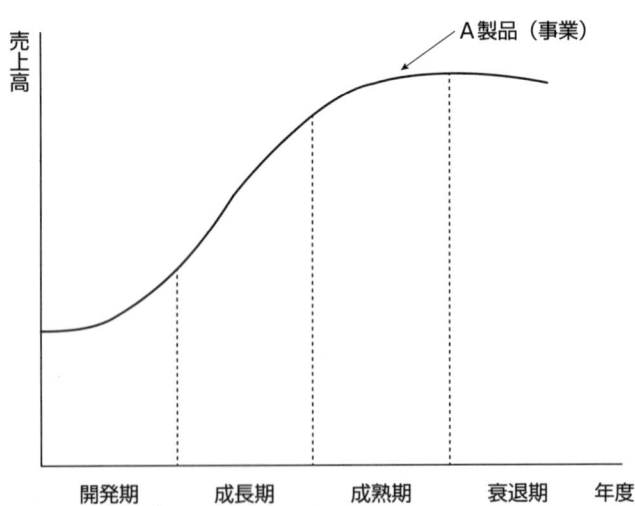

図表2-1　売上高の変化によるライフサイクル段階

図表2-2　製品ポートフォリオ・マトリックス

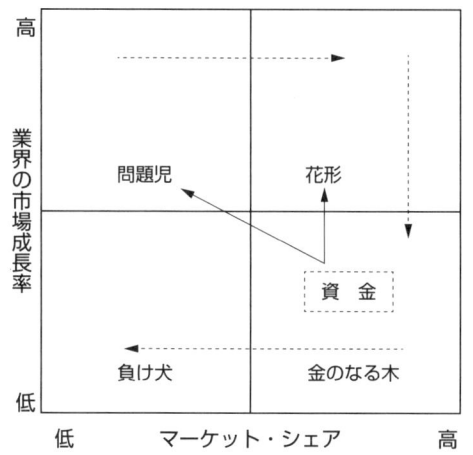

注1）ボストン・コンサルティング・グループのマトリックスを若干修正してある。
　2）実線は研究開発のための資金の利用方向を，点線は望ましい成長方向を示す。
　3）業界の市場成長率，マーケット・シェアの測定には，(1)業界トップ企業の成長率，トップ企業に対する自社のマーケット・シェアという測定方法と，(2)業界平均の市場成長率，業界全体の売上高に対する自社マーケット・シェアという測定方法がある。

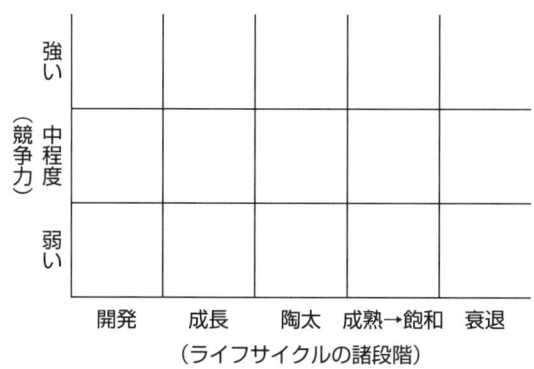

注1）ホファーのマトリックスを若干修正している。
　2）縦軸に売上高あるいは販売量をとると，ライフサイクル・カーブを描くことができる。
出所）C. W. Hofer & Dan Schendel, *Strategy Formulation : Analytical Concept*, West Publishing Co., 1978, p.34.（奥村・榊原・野中訳『戦略策定』千倉書房，1987年，40ページ。）

第2節　成長要因の分析

 企業の成長要因

　企業が維持・発展していくためには、経営戦略を的確に樹立することが重要であり、そのためには成長の諸要因を知ることが肝要である。企業が成長するためには、企業競争に打ち勝つ必要があり、この意味で成長要因は、競争力の要因ないし競争優位の要因といってもほとんど同じである。

　企業の成長要因は多様であり、それを体系的に把握するため、理論的、実証的な研究が行われてきた。成長要因の分析は、まず、前述の原因変数、中間変数、結果変数に分けて分析することができる。次に、影響期間の長短によって、長期的要因、中期的要因、短期的要因に分類することができる。たとえば、成長の長期的要因として経営者、中期的要因として製品、短期的要因として財務があげられる。成長の原動力は経営者の戦略にかかわる意思決定であり、その結果として市場ニーズを捉えた製品が生み出され、財務業績を向上させるといえる。

　第3に、成長要因をヒト、モノ、カネといわれる企業の3つの要因に分けて行うこともできる。ヒトについては企業文化および人的資源戦略、モノについては製品および製造戦略、カネについては財務戦略について検討すればよい。以下において、この視点から成長要因を説明する。

(1) 製品および製造戦略

　戦略の成否は、良くも悪くも製品（サービス）の売上高に現れる。競争優位をもたらす戦略には低原価低価格戦略、差別化高価格戦略、ニッチ高価格戦略が知られている。いずれの優位性も絶対的ではなく、また低原価と差別化の両方を狙うことはきわめて難しい。差別化製品は、時間が経つ

にしたがって標準製品となるため，高価格の設定が困難になる。低原価製品は生産を海外に移すことによって模倣されやすく，ニッチ製品も過当競争のわが国においては，優位性を維持する期間は長くない。逆に，低原価低価格戦略にもとづく標準製品も差別化戦略によって差別化製品に変えることもできる。たとえば，日用品としての石鹸を高級化粧品としての石鹸に変えるような場合である。

　競争優位をもたらす戦略を生産面でみると，規模の経済の優位性（1960,1970年代に重視された製造戦略）→範囲の経済の優位性（バブル経済期に重視された製造戦略）→時間の経済の優位性（90年代以降に重視されている製造戦略）へと比重が移行している。

　従来，製造戦略のための手法として，TQC（総合的品質管理），JIT（ジャストインタイム），リーン生産方式，ベンチマーキング，原価企画など各種の手法が重視されてきた。しかし，いずれもそれだけでは競争優位をもたらすことはできない。安定的な環境においては，一定の製造戦略により競争優位を維持できた。不安定な環境においては，製造上の柔軟性を維持することが競争優位を維持するための重要な条件になる。企業には，その時々に応じてスピーディーな製品開発と低コストでの製品開発が求められる。

　製造戦略は，コスト，品質，フレキシビリティーのいずれを優先するかを短期的に選択するようなものではなく，長期的に成功するために，競合他社から差別化し得る新しい方法を継続的に生み出せる能力を維持することにある。この意味で，90年代以降の製造戦略として時間の経済の優位性が強調されるが，絶対的なものではない。

　競争優位をもたらす製造戦略は，他社にない技能と能力によって構築されるのであり，建物，設備，特定の人材への投資によって成り立っているわけではない。経営戦略の理論として，ポジショニング理論と資源ベース理論がよく知られている。自社の業界における位置と所有する有形・無形

の資源にもとづいた戦略の樹立が重要であり，単に投資による規模拡大によって競争優位が確立できるわけではない。

(2) 企業文化・人的資源戦略

　企業文化は，企業風土，社風ともいい，共有された価値観と人々の行動パターンをいう。企業の価値観は，ビジョンあるいは経営理念として掲げられる。それを具体化するために企業目的が立てられ，企業目的を有効かつ効率的に実現するために戦略が立てられる。

　企業文化を形成する要素は，経営理念および経営者・管理者・従業員の行動の特徴やパターンである。前者は経営者の積極的なリードによって構築される文化であり，後者は日常行動に内在的な傾向や特徴にみられる文化である。企業文化は，外部環境としての時代の価値観の変化，内部環境としての業績の向上，平均年齢の上昇，規模の拡大などによって風化しやすく，経営者は絶えず，内外の変化に留意しながら活力ある企業文化を喚起しなければならない。

　企業文化の傾向を知るためには，**図表２－３**のようにパターン化してみると理解しやすい。この図表は，縦軸に企業目的として成長性志向（革新的）の経営か安定性（保守的）志向の経営か，横軸に意思決定のスタイルとしてトップダウン（直感的）型の経営かボトムアップ型（参加型）の経営かを示し，企業文化の傾向を現わしたものである。実証研究によって裏付けられたものではなく正確とはいえないが，他社との比較において企業文化の相対的な傾向を知ることができよう。

　「経営は人である」といわれるように，企業の成長は有能な人材がいるかどうかに大きく左右される。この意味で人的資源戦略が重要である。取締役，従業員の平均年齢が若い企業の業績が良いという統計上の結果が示しているように，環境の変化を察知し製品化に結びつけるいわゆる「アンテナの高い人材」が求められている。企業が成長するために，他社追従型

図表2-3　企業文化のパターン

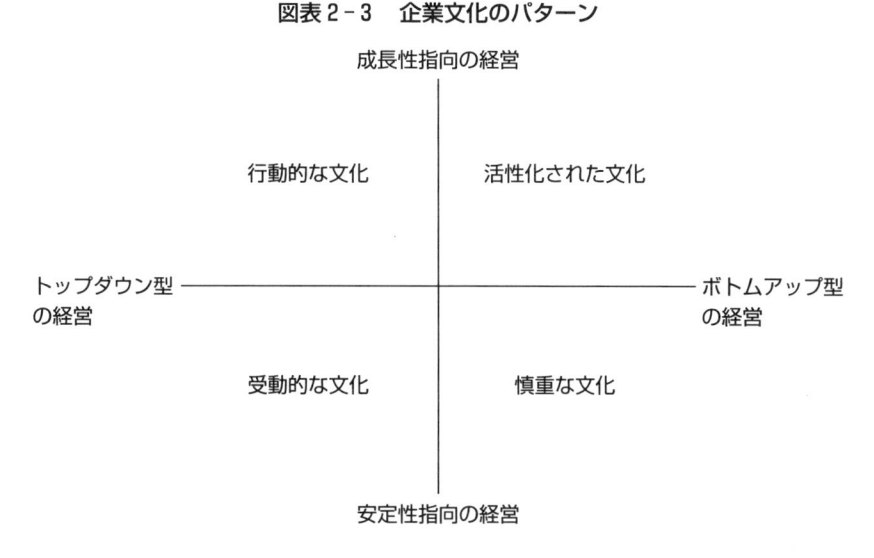

```
              成長性指向の経営
                    │
        行動的な文化 │ 活性化された文化
                    │
トップダウン型 ──────┼────── ボトムアップ型
の経営              │        の経営
                    │
        受動的な文化 │ 慎重な文化
                    │
              安定性指向の経営
```

の対応型経営から市場創造型の能動型経営への転換をせまられている。作っても売れない時代には，顧客のニーズを掘り起こす人材が求められ，そのための人材開発が成長要因として重要化している。

　企業の社会的責任は，人への対応姿勢に端的に現れる。顧客満足，地域住民の理解，従業員の帰属意識は，人を大切にする経営によって生まれるものである。緊張感のある企業文化は，行き過ぎた成果主義，非正規雇用者への差別的待遇からは生まれない。

(3) 財務構造・財務戦略

　財務は経営活動の結果であるとともに，成長のための戦略要因である。企業が持続的に成長するためには，環境変化に適応できる財務体質が必要である。そのためには，貸借対照表において①適正な資本構成，②スリムな資産，③ブランドなどオフバランス要因の充実，損益計算書において①業界水準あるいは戦略を反映する売上総利益率，②本業の利益を計上，③低い固定費負担などが求められる。

財務諸表には現われないが，資金の調達先が安定株主，持合株主などが一定の割合を占め，M&Aの脅威が低いことも重要である。

❷ 経営管理

　企業が成長するためには，経営戦略が的確に樹立されるとともに，経営管理が適切に行われなければならない。戦略を誤れば管理が良くても競争力を失うし，戦略が当たっても管理が悪ければ成長を持続できない。わが国でもベストセラーとなった『エクセレント・カンパニー』は，アメリカの超優良企業には，①行動の重視，②顧客への密着，③自主性と企業家精神の保有，④価値観にもとづく実践，⑤基軸から離れない事業経営，⑥人を通じての生産性向上，⑦単純な組織・小さな本社，⑧厳しさと穏やかさの両面をもつ管理が共通的な特徴としてみられることを指摘している。

　さらに，『続エクセレント・カンパニー』は，エクセレントな状態を維持するためには，①革新の創造，②思考の変更，③緊張感の持続が必須であることを指摘した。

　これらの特徴は，戦略や管理のあり方を示すものとして参考になる。

第3節　成長性の測定・分析

❶ 成長率の分析

　成長率すなわち規模の拡大率の測定は，測定指標の種類によって2つのグループに分類できる。
　①経営活動の手段による測定
　　a）固定資産　　b）自己資本　　c）総資本　　d）従業員数など

②成果による測定
 a）売上高　b）付加価値　c）利益　d）留保利益（残余利益）
 e）EVA（経済的付加価値）など

　前者は，目的達成の手段を指標とするグループである。企業が成長するためには，資産，資本，従業員数などのインプットが増大しなければならず，これらは規模拡大の指標となる。だが，これらはあくまでも成果を獲得するための手段であって企業目的そのものではない。

　後者は，経営活動の結果を指標とするグループである。このグループの指標は，企業目的であるとともに競争力を示す点で，前者よりも優れている。留保利益,EVAは目的であるとともに成長の原資であるという意味で，成長性の指標として重要である。

　成長率の測定は，前期比率および3年～5間の平均伸び率をみることが必要である。分析においては，業界平均，ベンチマークとの比較，内部分析では予算との比較が求められる。

❷ 成長可能性の分析

　将来の成長可能性は，成長率の測定によって予測することができる。成長率が高ければ，将来の成長も大きいと見込まれるためである。ただし，より正確に予測するためには，成長可能性を知ることが必要である。

　成長可能性を示す指標として，まず上げられるのが留保利益である。留保利益は，将来の経営活動の源泉であり成長のために利用できるという意味で，成長可能性の指標ということができる。ただし留保利益は，配当平均積立金など成長以外の目的にも充当されるので，正確には留保利益額から非成長目的への充当額を差し引いた額をもって成長能力の指標としなければならない。内部留保は自己蓄積能力を示し，その良否は，以下のような指標によって検討することができる。

$$\text{自己資本蓄積効率（％）} \cdots\cdots (1)$$

$$= \frac{\text{内部留保}}{\text{自己資本}}$$

$$= \underbrace{\frac{\text{当期純利益}}{\text{総資本}}}_{\text{(総資本当期純利益率)}} \times \underbrace{\frac{\text{総資本}}{\text{自己資本}}}_{\text{(リバレッジ)}} \times \underbrace{\frac{\text{内部留保}}{\text{当期純利益}}}_{\text{(内部留保率)}}$$

　自己資本蓄積効率は，内部留保（当期の減価償却費等と当期末処分利益のうち，利益準備金，任意積立金および繰越利益の合計）を自己資本と対比した比率である。内部留保は，当期に自己資本が増加した部分であるから，内部留保の自己資本に対する割合は，成長可能性ないし成長能力を示す。この比率は，内部留保率と自己資本比率を一定とした場合，現在の収益構造のもとで実現可能な成長を示す。換言すれば，現在の収益構造を一定とすれば，自己資本蓄積効率は，内部留保率を高めるか他人資本への依存度を高めないで成長できる持続的成長率を示す。

$$\text{内部留保負担率（％）} = \frac{\text{内部留保}}{\text{売上高}} \times 100 \cdots\cdots (2)$$

　内部留保負担率は，内部留保（当期の減価償却費等と当期の未処分利益のうち利益準備金，任意積立金および繰越利益の合計）を売上高に関連づけた比率であり，この比率が大きいほど，自己金融能力すなわち成長のための内部資金を生み出す力が大きいことを示す。

$$\text{内部留保蓄積効率（％）} = \frac{\text{内部留保}}{\text{総資本}} \times 100 \cdots\cdots (3)$$

内部留保蓄積効率は，内部留保（当期の減価償却費と当期の未処分利益のうち利益準備金，任意積立金および繰越利益の合計）を総資本に関連づけた比率であり，内部留保負担率と同様に自己金融能力を示す。内部留保の源泉である利益を生み出すのは総資産（総資本）であるから，この比率は企業規模を考慮に入れて成長能力をみる点で，自己資本蓄積効率と異なる。

　成長可能性の検討には，さらにＲ＆Ｄ（研究・開発費）やキャッシュフローについて，次の比率を算定してみることが有効である。

$$売上高研究開発費比率(\%) = \frac{研究開発費}{売上高} \times 100 \quad \cdots (4)$$

$$1株当たり研究開発費 = \frac{研究開発費}{発行済株式数} \quad \cdots (5)$$

$$設備投資対キャッシュフロー比率(\%) = \frac{設備投資額}{キャッシュフロー} \times 100$$

　一般的に研究開発費の大きい企業は，成長性の高いことが実証されている。この意味で，売上高研究開発費比率，1株当たりＲ＆Ｄは，成長可能性を示すものといえる。設備投資対キャッシュフロー比率は，設備投資に無理がないかどうかを示し，成長の質的分析として意味がある。

　成長性可能性の分析は，キャッシュフローに関係づけた指標によっても行うことができる。たとえば，企業競争力を維持していくためには，更新投資，新規投資が必要であり，その目安として以下のような水準を考えることができる。

①減価償却費相当の投資
②減価償却費＋留保利益の範囲での投資

③減価償却費＋留保利益＋借入および増資での投資

　以上のうち，①の段階は現状維持，②の段階は財務の健全性を配慮，③の段階は積極的な成長を目的とする投資といえる。以上の分析視点を考慮に入れたキャッシュフローに関係づけた成長性の指標として，以下のような指標を上げることができる。

$$設備投資対減価償却費比率(\%) = \frac{有形固定資産取得額}{減価償却費} \times 100 \quad \cdots\cdots (6)$$

$$設備投資対営業キャッシュフロー比率(\%)$$
$$= \frac{有形固定資産取得額}{営業キャッシュフロー} \times 100 \quad \cdots\cdots (7)$$

$$設備投資対投資キャッシュフロー比率(\%)$$
$$= \frac{有形固定資産取得額}{投資キャッシュフロー} \times 100 \quad \cdots\cdots (8)$$

$$フリーキャッシュフロー$$
$$= 税引後営業利益(または支払利息控除前税引後利益) + 減価償却費$$
$$- 運転資金増加額 - 投融資増加額 \quad \cdots\cdots (9)$$

　設備投資対減価償却比率は，減価償却費が毎期の変動幅が大きくないので，現状維持に必要な安定的投資の水準を示す。設備投資対営業キャッシュフロー比率は，設備投資が営業キャッシュフローによってどの程度賄われているかを示す。換言すれば，設備投資対投資キャッシュフローは，投資キャッシュフローに占める設備投資の割合を示す。この割合が大きいことは成長投資にウエイトがおかれているといえる。

　フリーキャッシュフローは，本業で獲得した税引後営業利益から設備投資，運転資金，投融資資本の増加額を差し引いたキャッシュフローであり，債権者，株主などの資本提供者へ配分可能な資金である。フリーキャッシ

ュフローの計算式は多様であり，計算方法の違いによってフリーキャッシュフローは異なる。

　フリーキャッシュフローは，コーポレート・ガバナンスの視点と安全性分析の視点では異なっている。前者では，フリーキャッシュフローがプラスで大きいほど，積極的に投資できなかった（あるいはしなかった）結果であり，経営者のモラルハザードの結果とみなす。後者では，フリーキャッシュフローは債務の支払にも配当金にも充当できる余裕資金であるため，大きい方がよいとみなす。

　このため，フリーキャッシュフローの分析にあたっては，その大きさだけでなく，ライフサイクル段階や内容についても検討することが必要である。たとえば次のような点である。

　①フリーキャッシュフローは，事業の成長段階では投資が多くなるためマイナスになり，成熟段階では投資が減少しプラスになる傾向がある。
　②設備投資額が営業キャッシュフローの増加に貢献している場合は設備投資の効果が上がっており，その逆の場合には効果が上がっていないことを示す。
　③運転資金増加額に関して，売上高が増大しても棚卸資産および売掛債権（売掛金＋受取手形）が増加している場合は好ましい傾向といえない。
　④投融資額が営業キャッシュフローに寄与しているかどうかをみるためには，単年度に止まらず経年で分析することが求められる。

第3章

收益性分析

第1節　収益性の概念

　収益性は，収益力ともいわれ，資本の利益獲得効率をいう。収益力という場合は利益のみならず収益（売上高）を生み出す能力を示す用語として用いられている。獲得された利益は，企業の諸活動の総合的な結果であるから，利益額の大きさをもって収益性の測定指標とみなすことができる。しかし，利益を生みだす源泉である資本（したがって資産）を考慮に入れないと，利益の大小を正確には判断できない。そのため，収益性は利益と資本を関連づけた資本利益率が指標とされる。収益性は，最小の資本で最大の利益を上げるという営利企業の目的達成度を示す。

　収益性と成長性は表裏の関係にある。企業の最高目的を利益としても成長としても，成長のためには利益が必要であり，利益増大のためには成長が必要であるという意味で，長期的にみれば同じといえる。ただし，ステークホルダーへの配慮がなければ存続できず，結果的に利益増大を実現できないという点を考慮すれば，企業目的を成長と考える方が適切である。

　1980年代後半から顕著になった間接金融から直接金融への比重の移行，経済のグローバル化，1992年のバブル経済の崩壊などの影響で，コーポレート・ガバナンスは株主にあるとする考え方が強くなってきた。それとともに売上高成長志向から収益性志向に変化し，資本利益率が重視されるようになってきた。

　収益性の分析は，①資本利益率の種類ごとの分析と②資本利益率の分解分析の2段階で行う。前者は収益性を多面的に検討し，後者は良否の原因がどこにあるかを検討するものである。

　資本利益率の分解分析は，採算性の分析と活動性の分析に分けられる。前者は売上高利益率の分析であり，後者は資本（資産）回転率の分析である。

第2節 資本利益率の分析方法

収益性は，資本利益率＝利益／資本によって測定することができる。資本利益率には，分子の利益と分母の資本の対応関係によっていくつかの種類がある。比率が有意味であるためには分子と分母に対応関係がなければならない。意味関連のない分子，分母を関係づけた比率は算定しても分析結果をミス・リードするだけである。したがって分母の資本がきまれば分子の利益を何にするかもきまってくる。利益と資本の組み合わせによって有意な資本利益率を示すと**図表 3-1**のようになる。

図表 3-1　資本と利益の組合せ

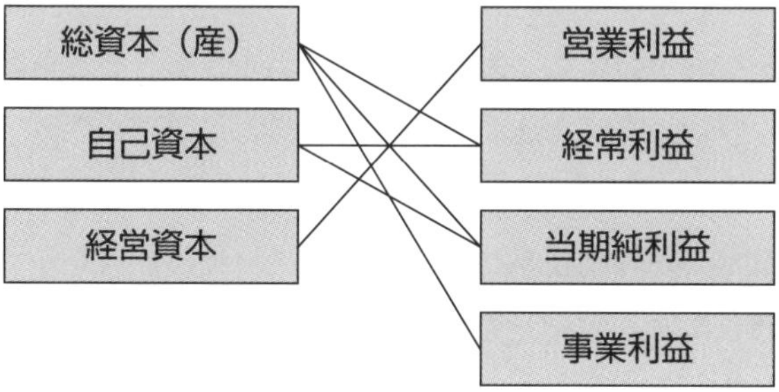

総資本（産）	営業利益
自己資本	経常利益
経営資本	当期純利益
	事業利益

❶ 総資本利益率

総資本利益率（ROA：return on assets）は，経営に投下された総資本ないし総資産と利益を対比した比率であり，投下され運用されている資本総額がどれだけ利益を獲得したかの割合を示す。資本の調達と運用のいずれの側面からみても経営の総合的な良さを示すので，経営管理に責任をもつ経営者の観点から重視される。

総資本利益率は，利益との対応によって，以下の総資本利益率に区別できる。

$$総資本経常利益率(\%) = \frac{経常利益}{総資本} \times 100 \cdots\cdots(1)$$

$$総資本当期純利益率(\%) = \frac{当期純利益}{総資本} \times 100 \cdots\cdots(2)$$

$$総資本利子支払前経常利益率(\%) = \frac{経常利益＋金融費用}{総資本} \times 100 \cdots\cdots(3)$$

(1)式の総資本経常利益率は，利益に焦点をおいて説明すれば，正常収益力すなわち臨時的な損益を除いた利益の獲得効率を示す比率であり，資本に焦点をおいて説明すれば，資本構成の違いを反映する，すなわち金融費用に影響する有利子負債の多寡と支払利子率の大小という財務政策の影響を織り込んだ収益力を示す比率である。経常利益が重視されてきたわが国では，従来からよく用いられてきた。

(2)式の総資本当期純利益率は，当期純利益の稼得能力を示す。この比率は，当期純利益には固定資産売却などの臨時的な損益が含まれるので，営業活動本来の収益力を示さない。しかし，当期純利益は配当可能利益であり企業の総合的な実力を反映しているともいえる。

(3)式の総資本利子支払前経常利益率は，財務上の影響を排除した営業活動本来の収益力を示す比率である。利益をもたらすのは資産であり，資本構成の差異は利益の獲得そのものに直接的な関係はない。したがって，総資本と金融費用（支払利息・割引料，社債利息など）が控除された経常利益を対比しても，正確な意味では整合性がないため，経常利益に金融費用を加えておくのである。換言すれば，本業および財テクから獲得された利益と対比する点から，総資本事業利益率ともいわれる。

❷ 自己資本利益率

　自己資本利益率（ROE：return on equity）は，株主資本利益率ともいわれるように，株主・投資家の視点から，持分の効率を示す比率である。自己資本利益率の計算には次の2つの種類がある。両者は，当期業績主義の視点からみるか包括主義の視点からみるかの違いであり，持分の効率をみる指標としては大きな違いはない。

$$自己資本経常利益率（\%）= \frac{経常利益}{自己資本} \times 100 \quad \cdots\cdots (4)$$

$$自己資本当期純利益率（\%）= \frac{当期純利益}{自己資本} \times 100 \quad \cdots\cdots (5)$$

　会社法では，従来，自己資本の部として示されていた区分が純資産となり，その内容もそれ以前とは異なる。そのため，従前の自己資本利益率との整合性を図るため，少数株主持分を控除した金額を自己資本とする。

　自己資本利益率は，配当金や積立金として出資者に帰属する額がどれほどの割合であるかを示す比率である。したがって，自己資本利益率は，株価関連の指標とともに株主・投資家の意思決定において重視される。

❸ 経営資本営業利益率

　経営資本営業利益率は，実際に本業の経営活動において用いられた経営資本と営業利益を対比した比率であり，本業の利益獲得効率を示す。

$$経営資本営業利益率（\%）= \frac{営業利益}{経営資本} \times 100 \quad \cdots\cdots (6)$$

経営資本は，貸借対照表の資産から営業利益の獲得に役立っていない資産を控除して計算する。この場合，内部分析では(7)式のように資産のなかから遊休資産，建設中の固定資産，工場拡張のために保有する土地のような準備資産，経営外に投資している投資資産を控除して求める。外部分析では未稼働の設備や準備資産が把握できないため，(8)式のように建設仮勘定，繰延資産，投資その他の資産を控除して求める。

　　経営資本＝総資産－（遊休資産＋準備資産＋外部投資）……………(7)
　　経営資本＝総資産－（建設仮勘定＋繰延資産＋投資その他の資産）…(8)

第3節　株主価値と資本利益率

1 株主価値要因と関連指標

　自己資本経常利益率および自己資本当期純利益率は，株主価値の主要な要因として重視される。株主・投資家にとっては株価の漸次的上昇と安定的配当が最大の関心事であり，株主価値が大きいかどうかが関心の焦点になる。バブル経済崩壊前後から，株主価値が志向されるようになってきた背景には，次のような理由によって，情報の非対象性に対する批判の増大と株主価値に関するIRの重視，といった経営環境の変化がある。
　①株主資本の充実による金融機関の監視機能の弱体化
　②法人間での株式持合いの減少による相互不干渉主義の弱化
　③業績低迷による株主価値向上要求とそれにともなう株主の監視の強化
　④情報公開の重視
　株主価値は発行済株式の時価総額（株価×発行済株式数）をいい，その分析は主として証券分析において行われている。財務諸表を対象にした経

営分析は，株主価値の分析のためのファンダメンタルな分析ということができる。一般的に収益性や成長性が高ければ配当金が高くなり株価は上昇する。しかし，株価の変動には財務諸表上の数値に現れてこない要因が少なくない。この意味で，経営分析は株主価値分析のための基礎的な情報を提供するものと考えればよい。

　財務諸表の数値と株式数，株価，配当金に関連づけた株主価値指標として，次のような指標を上げることができる。

$$1株当たり当期純利益(EPS)(円) = \frac{当期純利益}{発行済株式数} \quad \cdots\cdots(9)$$

$$株価収益率(PER)(倍) = \frac{株価}{1株当たり当期純利益} \quad \cdots\cdots(10)$$

$$1株当たり純資産(BPS)(円) = \frac{純資産}{発行済株式数} \quad \cdots\cdots(11)$$

$$株価純資産倍率(倍) = \frac{株価}{1株当たり純資産} \quad \cdots\cdots(12)$$

$$配当性向(\%) = \frac{配当金}{当期純利益} \times 100 \quad \cdots\cdots(13)$$

$$配当率(\%) = \frac{配当金}{純資産} \times 100 \quad \cdots\cdots(14)$$

$$配当利回り(\%) = \frac{1株当たり配当金}{株価} \times 100 \quad \cdots\cdots(15)$$

$$1株当たり配当金(円) = \frac{配当金}{発行済株式数} \quad \cdots\cdots(16)$$

　配当性向と株価収益率（PER：prices earnings ratio），配当利回りには(17)式のような関係がある。配当性向は配当政策を反映する。近年，配当性向を高くする企業が多くなっているのは株主重視の姿勢の現われといえる。

$$配当性向(\%) = 株価収益率 \times 配当利回り \quad \cdots\cdots\cdots (17)$$

$$= \frac{株価}{1株当たり当期純利益} \times \frac{1株当たり配当金}{株価} = \frac{配当金}{当期純利益}$$

株価は，(18)式のように，1株当たり当期純利益，純資産当期純利益率，1株当たり純資産に分解できる。この式から，株価を左右する内部要因について分析できる。

$$株価 = 株価収益率 \times 純資産当期純利益率 \times 1株当たり純資産 \cdots\cdots (18)$$

$$= \frac{株価}{1株当たり当期純利益} \times \frac{当期純利益}{純資産} \times \frac{純資産}{発行済株式数}$$

❷ 株主価値向上策と自己資本利益率

(1) 自己資本利益率と総資本利益率の関係

　自己資本利益率と総資本利益率との間には，(19)式に示されるように総資本利益率を一定とすると，自己資本比率が低いほど自己資本利益率が高くなるという関係がある。

$$自己資本利益率(\%) = 総資本利益率 \div 自己資本比率 \quad \cdots\cdots\cdots (19)$$

$$= \frac{利益}{総資本} \div \frac{自己資本}{総資本}$$

　総資本利益利率が変わらなくても，負債を多くするか自己資本を減らすことによって自己資本利益率を上げることができる。企業は，自己株式の買い上げによって株式数を減らし，1株当たり当期純利益を増大すること

によって，政策的に株価の維持・上昇を図っている。経営効率を総合的に示す総資本利益率と異なり，自己資本利益率は財務政策を反映することを看過してはならない。

自己資本比率の類似指標に，自己資本比率の逆数である財務リバレッジ（総資本／自己資本），負債比率（負債／自己資本）がある。いずれも貸借対照表貸方の構成を表す比率であり，見方が異なるだけである。わが国では自己資本比率，アメリカでは負債比率がよく用いられる。ファイナンスでは財務リバレッジが一般的である。会社法によって自己株式の買上げが可能になり財務政策の選択範囲が広がるにともなって，財務リバレッジが重視されるようになった。

(2) **財務リバレッジの効果**

自己資本経常利益率は，⑳式に示されるように，①利子支払前総資本経常利益率，②他人資本利子率，③資本構成によって異なってくる。すなわち，経営効率を一定とすると，総資本経常利益率が他大資本利子率を上回るかぎり，リバレッジすなわち負債比率（負債／自己資本）が高ければ高いほど自己資本経常利益率は上昇し，逆に他人資本利子率が総資本経常利益率を下回ると負債比率が高ければ高いほど自己資本経常利益率は下降する。これは総資本経常利益率と他人資本資本利子率との差が自己資本経常利益率を増加させたり減少させたりするという現象の現れである。この現象は，一般にテコ作用（Leverage）といわれるが，資本調達政策効果とか財務収益性といわれることもある。

自己資本経常利益率(％) ……………………………………………… ⑳
　＝（利子支払前総資本経常利益率 − 総資本他人資本利子率）×リバレッジ

$$=総資本経常利益率+(総資本経常利益率-他人資本利子率)\times 負債比率$$

$$=\frac{経常利益}{自己資本}$$

$$=\left\{\frac{(経常利益+他人資本利子)}{総資本}-\frac{他人資本利子}{総資本}\right\}\times\frac{総資本}{自己資本}$$

$$=\frac{経常利益}{総資本}+\left(\frac{経常利益}{総資本}-\frac{他人資本利子}{他人資本}\right)\times\frac{他人資本}{自己資本}$$

　いま，A社，B社，C社の資本構成，利益の相違がどのような自己資本利益率の相違となって現われるかを次の表によってみてみよう。**図表3-2**からわかるように，第1ケースで利子支払前総資本経常利益率が他人資本利子率を上回ると負債比率の高い企業ほど自己資本利益率が高くなり，第2ケースで総資本利益率と他人資本利子率が同じときは自己資本利益率も同じであり，第3ケースで総資本利益率が他人資本利子率を下回るときには自己資本利益率は負債比率の高い企業ほど低くなる。

図表3-2　負債比率のテコ作用

第1ケース

総資本（他人資本＋自己資本）	利子支払前経常利益	利子支払前総資本経常利益率	他人資本利子（5％）	経常利益	自己資本経常利益率
A社　1,000万円(200万円+800万円)	100万円	10%	10万円	90万円	11.25%
B社　1,000万円(500万円+500万円)	100万円	10%	25万円	75万円	15%
C社　1,000万円(800万円+200万円)	100万円	10%	40万円	65万円	30%

第2ケース

A社	50万円	5%		40万円	5%
B社　資本構成同上	50万円	5%	同上	25万円	5%
C社	50万円	5%		10万円	5%

第3ケース

A社	40万円	4%		30万円	3.75%
B社　資本構成同上	40万円	4%	同上	15万円	3%
C社	40万円	4%		0万円	0%

以上のことからわかるように,自己資本利益率を比較する場合には,とくに資本構成の相違を考慮に入れておくことが重要である。他人資本の大きい,資本構成の悪い企業は好不況によって自己資本利益率の安定性が左右されやすい。自己資本利益率は,株主や投資家からみた収益性の尺度であるとともに企業の安全性あるいは安定性の尺度でもある。

第4節 収益性評価の留意点

　資本利益率は,国別,産業別,時代別,規模別に異なる特徴を示す傾向がある。留意点として,以下のような点をあげることができる。

1 国別収益性の特徴

　自己資本当期純利益率を日米で比較すると,アメリカでは10%を超える企業が多いのに対して,わが国では10%に届かない低い企業が少なくない。しかし,資本のグローバル化にともなって,自己資本当期純利益率10%が目標として重視されるようになり,近年はアメリカ企業に追いついてきている。わが国で自己資本当期純利益率が低かった理由として,以下のような点を指摘できる。

　①コーポレート・ガバナンスが相違していた。アメリカでは,株主志向が強く,わが国では従来,従業員志向が強かった。そのため,前者が自己資本当期純利益率を基準に意思決定を行うのに対し,後者は利益額を基準に意思決定を行う傾向が強かった。利益額の増加が,従業員の賃金,経営者の報酬,配当金の増加を可能にするからである。利益額の増加を志向する経営は,投下資本当たりの利益率を軽視して量的拡大を図りがちである。

②バブル経済以前のわが国では間接金融に依存していたため有利子負債が多額であり，金融費用を控除した経常利益は小さくなる傾向がみられた。経常利益が重視されてきたのは，金利支払能力を重視したためである。

③資本の利益獲得効率は，金利の影響を除外した総資本営業利益率あるいは利子支払前総資本経常利益率でみても，わが国企業が劣る場合が少なくない。その理由は，一般的に資本回転率が低いからである。換言すれば，売上高に比べてそれを生みだすために利用される資産（投下資本）が大きすぎるためである。日米の総資本回転率に差を生み出している最大の原因は，流動資産回転率の差にある。流動資産の回転が悪い理由は，企業間信用が大きいこと，銀行借入に対する拘束預金や社内預金に対応する引当預金が存在することなどである。

❷ 規模別特徴

規模別に収益性をみると，一般的傾向として企業の成長にともなって低下しやすい。成長性を追及する企業の戦略的行動が，その結果において収益性の低下をもたらすためである。その理由として以下のような点を指摘することができる。

①関係会社投資の不経済：大規模生産システムによる規模の経済は，その大規模生産システムを維持するために必要な子会社，関係会社投資の不経済によって相殺されることが少なくなく，収益性の低下につながりやすい。

②多角化の不経済：新製品の追加による内部的多角化および成長分野への外部的多角化は，その分野での過剰投資を招き，製品価格の低下によって収益性の低下を惹起しやすい。

③投資的経費の増大：大企業になるほど，研究開発費，広告宣伝費，人

材育成費などの将来の成長のための投資的諸経費が増え，売上高利益率低下の原因になりやすい。

④設備投資効率の低下：企業の投資規模が大きくなるにしたがって，外部の経済的機会が相対的に少なくなり，投資効果に収穫逓減の法則が作用しやすい。

⑤資本回転率の低下：企業の規模が拡大するにしたがって，固定資産回転率，棚卸資産回転率，売上債権回転率などが低下しやすい。固定資産回転率の低下は，投資規模の増大にともなう生産能力の増大がそれに見合う市場需要を発見することができず，操業度が低下することに起因する。棚卸資産回転率および売上債権回転率の低下は，投資規模の増大とともに売上高の増大も必要となり，市場を争奪するために在庫増と売掛債権の拡張が生じやすいためである。

❸ 戦略別特徴

　経営戦略は，明確でないと競争優位を築けない。差別化戦略，ニッチ（すき間）戦略が成功していれば，売上総利益率に競争優位が現れる。低価格戦略を進める場合には，規模の経済によって売上原価率を低くするか，販売費一般管理費率を抑えないと，売上高営業利益率が低くなり競争優位を築けない。

　ボストン・コンサルティンググループは，**図表3-3**に示すように，企業間競争には売上高利益率と売上高の関係においてＶ字カーブがみられることを明らかにしている。差別化戦略のように売上総利益率を追求する戦略かコスト・リーダーシップのように規模拡大を追求する戦略のいずれかに徹している場合には，売上高営業利益率は高いが，中途半端な戦略の場合は低くなる。死の谷といわれるＶ字カーブのボトムに位置する企業には，戦略に特徴がない企業や中規模の企業が多く，競争の敗者になりやすい。

図表3-3　V字カーブ

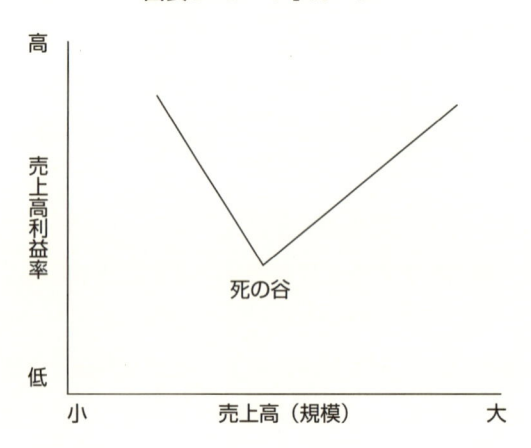

（縦軸：売上高利益率　高〜低／横軸：売上高（規模）小〜大／谷底に「死の谷」）

　以上から明らかなように収益性分析においては，経済環境，時代，企業規模などを考慮に入れて行うことが重要である。

第5節　収益性の分解分析

　資本利益率の良否の原因がどこにあるかを検討するためには，比率の分解が必要である。資本利益率は，(21)式に示すように売上高利益率と資本回転率に分解できる。前者は採算性，後者は活動性あるいは資金運用力といわれる。

$$\underset{(資本利益率)}{\underset{(収益性)}{\frac{利益}{資本}}} = \underset{(売上高利益率)}{\underset{(採算性)}{\frac{利益}{売上高}}} \times \underset{(資本回転率)}{\underset{(活動性)}{\frac{売上高}{資本}}} \quad \cdots (21)$$

　競争原理が働くため，売上高利益率と資本回転率の両方が業界平均と比

較して高い場合は少ない。企業競争に打ち勝つためには，差別化高価格戦略をとり売上高利益率を高めるか，低原価低価格戦略をとり資本回転率を高めるか，いずれかの戦略に特化することが重要である。

　バブル経済崩壊後，市場の成熟化の下で「もたない経営」「資産のスリム化」を積極的に進め，資金の活動性すなわち資金の運用力を高める努力が行われている。株主価値重視に加え，非効率な資産を保有し株価が低いと投資ファンドのターゲットになりやすいためである。ただし，スリム化が行き過ぎると，将来の成長原資となる組織スラッグ（余剰資源）まで喪失することになるので，分析にあたってはこの点に対する留意が必要である。

第6節　採算性の分析

❶　収益力指標としての売上高と利益

　わが国では，企業目的として売上高が重視されることが多い。その理由は，売上高増大には，次のような効果があるためである。
①規模の経済を得ることができる。
②デファクト・スタンダードやプライス・リーダーシップなど戦略上の優位性を確立することができる。
③製品ブランドの確立，企業イメージの向上につながる。
④他社との競争において従業員に目的意識と緊張感をもたせる。
⑤経営者の能力を示す。
　売上高が利益の源泉であるという意味で，採算性分析においては，売上高の趨勢をみることが必要である。売上高の増大にとらわれ過ぎると利益なき売上に陥りやすい。また利益の質をみることも重要である。会計処理，

会計方針の違いで利益の質に違いが生じる。前者の例として減価償却方法の定額法と定率法の違いを上げることができる。後者の例としてビッグバス政策を上げることができる。

企業本来の利益総出力あるいは長期的な収益力をみるためには，損益計算書の利益を修正した次の指標が有用である。

① EBITDA（金利，税金，償却前利益）

$$= 営業利益 + 減価償却 \quad \cdots (22)$$

② NOPAT（税引後支払利息控除前営業利益）

$$= 営業利益 + 税引後正味利子費用 \quad \cdots (23)$$

注）税引後正味利子費用 ＝（利子費用 − 利子収益）×（1 − 税率）

❷ 売上高利益率の分析

売上高利益率の分析は，1単位の売上高に対してどれだけの利益が上げられたかという採算性の分析である。売上高利益率は取引収益性といわれることがある。この場合，資本利益率は資本収益性といわれる。収益性の本来の意味からは資本利益率のみが収益性というべきであり，採算性とは区別されるべきである。

売上高利益率は，損益計算書のフォームにしたがって次のように分解できる。

$$\frac{経常利益}{売上高} = \frac{売上総利益}{売上高} + \frac{営業利益}{売上高} + \frac{営業外損益}{売上高}$$

$$= 1 - \frac{(売上原価 + 販売費一般管理費)}{売上高} + \frac{(営業外利益 - 営業外費用)}{売上高} \quad \cdots (24)$$

売上高経常利益率の分析では，営業利益率（営業利益/売上高）と営業外損益率（営業外損益/売上高）によって，本業と財テクにおいて利益が獲得されているかどうかを検討できる。また売上高経常利益率は，売上原価率，販売費一般管理比率，営業外費用率の費用構造として分析できる。

　売上総利益率は，戦略，業種特性，景気に左右される。低価格戦略をとっている場合には低く，差別化戦略およびニッチ戦略をとっている場合には高い。業種特性を反映して高い業種と低い業種があることを別にすれば，一般的には業種平均に近くなる。景気がいいときには価格を高く設定できるのに対して，デフレ傾向の不景気のときには価格の引き下げを余儀なくされ，景気の影響を受ける。

　売上高営業利益率は，本業の良否を示す。わが国では売上高と経常利益が長らく企業目的とされてきた。経済の成長期あるいは市場の拡大期には，増収増益が期待でき，売上高を目的にすることには合理性があった。しかし経済の停滞期あるいは市場の成熟・衰退期には売上高の増大が難しく，増収減益に陥りやすい。また高度成長期の負債過多の時代には利子支払後の経常利益が配当可能利益として意味があったけれども，株主資本が充実した今日では，本業の業績を示す営業利益と処分可能利益を示す当期純利益が重視される。

　売上高経常利益率は経常的な経営活動，売上高当期純利益率はすべての経営活動の結果を示すとともに，両者はいずれも配当可能利益を示す。利益平準化，配当原資の確保のため，営業活動の業績が悪い場合，長期保有目的の有価証券や固定資産の売却などが行われることが少なくない。このため売上高経常利益率，売上高当期純利益率の変化の原因がどこにあるかを見極めることが重要である。

　採算性の分析は，費用を固定費，変動費として把握することによって，損益分岐点分析として行うこともできる。

第4章

活動性(資金運用力)分析

第1節　活動性の意義

1　収益性，安全性の分析視点としての活動性

　活動性は資金の運用力をいう。資金の運用力とは，資本の利用効率，すなわち資本をどれだけ効率的に使用しているかをいう。資本の利用効率が高ければ，資本が節約されるとともに資本コストとしての支払利息も節減されるので，収益性とともに安全性が高くなる。

　資金の運用力は，資本回転率によって把握できる。資本回転率（売上高／資本）は，**図表4-1**に示すように収益性と安全性の良否を左右する。収益性の総合指標である総資本利益率は，売上高利益率と総資本回転率に，また安全性の総合指標である運転資本対総資本比率は，運転資本対売上高比率と総資本回転率に分解できる。これから明らかなように資本回転率は収益性と安全性を結びつける比率であり，資本回転率が大きければ収益性が高くなるとともに安全性も高くなる。

　活動性分析は，収益性分析であるとともに安全性の分析でもあるため，独立して取り扱われることが多い。

図表4-1　収益性と安全性の指標としての資本回転率

$$\underset{\text{(運転資本対総資本比率)}}{\frac{\text{運転資本}}{\text{総資本}}}_{\text{安定性}} \qquad \underset{\text{(総資本利益率)}}{\frac{\text{利益}}{\text{総資本}}}_{\text{収益性}}$$

$$\underset{\text{(運転資本対売上高比率)}}{\frac{\text{運転資本}}{\text{売上高}}} \times \underset{\text{(総資本回転率)}}{\frac{\text{売上高}}{\text{総資本}}} \times \underset{\text{(売上高利益率)}}{\frac{\text{利益}}{\text{売上高}}}$$

❷ 資本回転率の概念

　資本回転率には，正確には2つの意味がある。1つは，前述した資本の利用効率，すなわち資本1単位が稼得した収益であり，他の1つは，資本の活動生すなわち一定期間（通常1年）の資本の回転数である。資本の利用効率の意味における資本回転率は，資本と売上高（正確には総収益）の対比として計算される。ただし，活動性の意味における資本回転率は，資本の具体的な形態，いいかえれば資産の種類によって，分子，分母は異なる。

　資本の回転とは，投下した資本が，製造業では現金→生産設備・労働（購入）→製品（生産）→売上債権（販売）→現金（代金回収）という過程を経て回収されることをいい，商業では現金→商品（仕入）→売上債権（販売）→現金（代金回収）を経て回収されることをいう。反復して行われる資本の循環過程において，一定期間（通常1年間）に資本が何回転するかを「資本回転率」といい，資本が1回転するために要する期間を「資本回転期間」という。したがって，回転率と回転期間は，逆数の関係にある。回転期間は，回収期間ともいわれ，月数ないし日数で測定されることが多い。

　たとえば，総資本が1,000万円で，1年間に2,000万円を販売したとすると，以下の計算式に示されるように資本回転率は2回転，資本回転期間は0.5年（6ヵ月，182.5日）になる。

①資本回転率(回) $= \dfrac{売上高}{総資本} = \dfrac{2,000万円}{1,000万円} = 2$ 回転

②資本回転期間(年) $= \dfrac{総資本}{売上高} = \dfrac{1,000万円}{2,000万円} = 0.5$ 年

③資本回転期間(年) $= \dfrac{1}{資本回転率} = 5$ 年

④資本回転期間(月) = 資本回転期間(年数) × 12ヵ月 = 0.5 × 12
　　　　　　　　 = 6ヵ月
⑤資本回転期間(日) = 資本回転期間(年数) × 365日 = 0.5 × 365
　　　　　　　　 = 182.5日

第2節　資本回転率の種類

　資本回転率は，**図表4-2**のように貸借対照表の貸方側すなわち投下資本の源泉別に測定できるとともに，借方側すなわち投下資本の運用形態別に測定できる。安全性分析の視点からは，資本の運用形態別に捉えた回転率が重視される。

図表4-2　回転率の種類

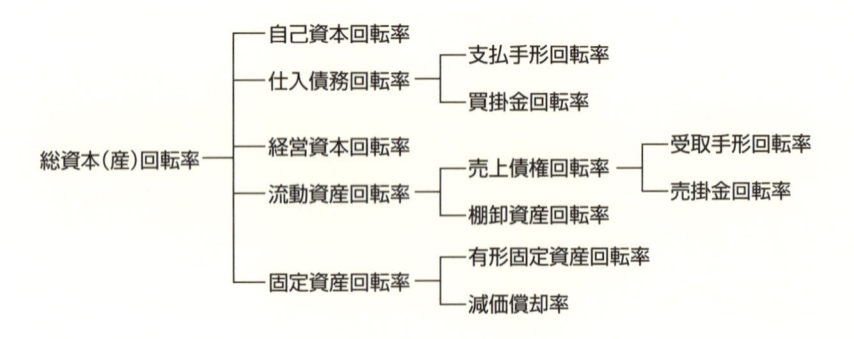

```
                  ┌ 自己資本回転率
                  │                    ┌ 支払手形回転率
                  ├ 仕入債務回転率 ────┤
                  │                    └ 買掛金回転率
                  ├ 経営資本回転率
総資本(産)回転率 ─┤                    ┌ 売上債権回転率 ┌ 受取手形回転率
                  ├ 流動資産回転率 ────┤               └ 売掛金回転率
                  │                    └ 棚卸資産回転率
                  │                    ┌ 有形固定資産回転率
                  └ 固定資産回転率 ────┤
                                       └ 減価償却率
```

① 総資本回転率

(1)　総資本回転率の意義

　総資本回転率は，総資本1単位が1年間にどれだけの収益をあげたかを示す。この比率が良好ならば，資本の循環が効率的に行われ，資本が無駄

に利用されていないことを意味する。総資本回転率は，以下に述べるように，規模，業種による特徴的な傾向がみられるとともに，景気に左右されやすいという特徴をもっている。

まず，総資本回転率は一般に企業規模が大きいほど低くなる傾向がある。この傾向は製造業に特徴的である。企業規模の拡大を企業成長と捉えれば，総資本回転率は企業の成長にともなって低下しやすいということができる。その理由として，以下のような点をあげることができる。

①規模が小さい中小企業の場合は，景気や営業の季節的変動などに対して非正規労働の利用や作業時間の延長によって対応し，過剰設備を回避しやすい。しかし，規模が大きくなると，環境変化に対して柔軟に対応することが難しくなる。

②大企業になるほど子会社や関連会社への外部投資が増え，その割には売上高が増えない。

③規模の拡大につれて，研究開発のための施設・設備，福利厚生施設，教育訓練の施設・設備が増大する。

次に，業種によって総資本回転率が相違する。それは以下のような理由による。

①資本の回転過程は，製造業では購買過程—製造過程—販売過程—回収過程からなり，非製造業では購買過程—販売過程—回収過程からなる。したがって，回転過程の長い製造業では総資本回転率は遅くなる。

②固定資産の多寡，販売期間の長短などの業種の特性によって，総資本回転率は異なる。たとえば，製造業のなかでは装置産業のように固定設備の多い業種，非製造業のなかでは画商や貴金属店のように販売期間の長い業種は，総資本回転率は遅くなる。

第3に，景気の変動によって総資本回転率は異なる。好景気のときには

早く,不景気のときには遅くなる。それは次のような理由による。

①不況期には販売不振によって操業度が低下するのに対し,好況期には売上が伸び操業度が高くなる。

②不況期には販売条件の悪化と代金回収の遅延によって回転率が落ち込むのに対し,好況期には代金回収が早くなり回転率が高くなる。

(2) 総資本回転率の計算式

総資本回転率は,次の2つの計算式で求められる。

$$総資本回転率(回) = \frac{売上高}{総資本} \quad \cdots\cdots(1)$$

$$総資本回転率(回) = \frac{総収益}{総資本} \quad \cdots\cdots(2)$$

$$= \frac{売上高 + 営業外収益}{経営資本 + 外部投資}$$

総資本回転率は,一般的には(1)式によって計算される。しかし,正確に計算する場合には(2)式による必要がある。総資本は,主たる経営活動への投資である経営資本と子会社・関連会社への投資である外部投資からなり,前者から売上高,後者から営業外収益がもたらされる。したがって,分子,分母の対応関係を考慮した場合,(2)式によって計算するのが望ましい。

❷ 売上債権回転率

売上債権回転率は,受取勘定回転率ともいわれ,売上債権の回収状況を示す。売上債権は受取手形と売掛金からなるので,売上債権回転率は,さらに受取手形回転率と売掛金回転率に分けて分析することができる。売上

債権回転率は，資本の拘束の程度すなわち売上債権に投下される資本の多寡を示すので，その高低は流動性の良否を示す。売上債権の回転が遅いと，貸倒の増加，仕入代金や諸費用の支払の遅延，資本コストの増加が生じ，安全性が損なわれる。

売上債権回転率は，次の計算式で求められる。

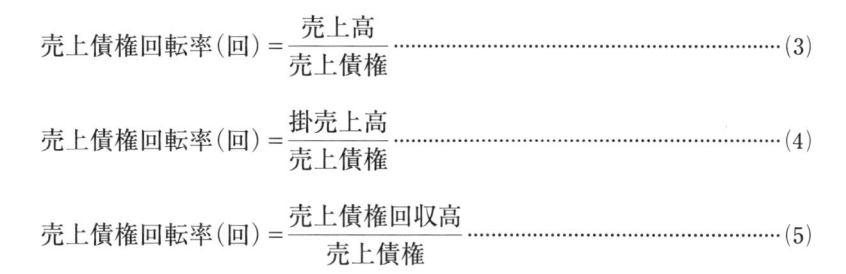

$$売上債権回転率（回）=\frac{売上高}{売上債権} \quad \cdots\cdots(3)$$

$$売上債権回転率（回）=\frac{掛売上高}{売上債権} \quad \cdots\cdots(4)$$

$$売上債権回転率（回）=\frac{売上債権回収高}{売上債権} \quad \cdots\cdots(5)$$

売上債権回転率の計算式として一般に用いられるのは(3)式である。売上高には現金売上と掛売上が含まれるので，売上債権との正確な対応を考える場合には，(4)式のように分子の売上高を掛売上高にする必要がある。

(3)式，(4)式は，正確な意味においては売上債権の利用効率である。(5)式は，売上債権の回収速度，すなわち現金化の速さであり，本来の意味における回転数を意味する。売上債権の回収高は，下記の式によって求める。

$$売上債権回収高＝前期繰越売上債権（期首在高）＋当期発生売上債権－次期繰越売上債権（期末在高） \quad \cdots\cdots(6)$$

受取手形回転率および売掛金回転率は，以下に示す(7)式，(8)式によって求められるが，本来の意味における回転回数を計算するときには，分子をそれぞれ受取手形回収高，売掛金回収高にする必要がある。

$$受取手形回転率(回) = \frac{売上高}{受取手形} \quad \cdots\cdots(7)$$

$$売掛金回転率(回) = \frac{売上高}{売掛金} \quad \cdots\cdots(8)$$

❸ 棚卸資産回転率

(1) 棚卸資産回転率の意義

　棚卸資産回転率は，第1に売上高の獲得効率，第2に一定期間に棚卸資産が現金および売上債権などの当座資産に変わる回転回数と定義される。棚卸資産は，商業の場合には商品，製造業の場合には原材料，仕掛品，半製品，製品，貯蔵品からなる。したがって，棚卸資産回転率は，製造業の場合には原材料回転率，仕掛品回転率，半製品回転率，製品回転率，貯蔵品回転率に分解することができる。

　棚卸資産回転率の低下は，販売不振，仕入および生産管理などのまずさによる在庫増を示し，資金繰り悪化の引き金になる。ただし，期間中に売価の引下げ，大量一括仕入があった場合にも回転率は低下するので，回転率低下の原因をみきわめることが重要である。

(2) 棚卸資産の計算式

　棚卸資産回転率の計算式には，次の2つがある。

$$棚卸資産回転率(回) = \frac{売上高}{棚卸資産} \quad \cdots\cdots(9)$$

$$棚卸資産回転率(回) = \frac{売上原価}{棚卸資産} \quad \cdots\cdots(10)$$

厳密にいえば，(9)式は売上高獲得効率を，(10)式は回転速度を意味する。一般的には，(9)式が用いられることが多い。(9)式を用いる場合には，売上高に利益が含まれているので，売上総利益率の高い業種や品不足による一時的な製品・商品価格の高騰があると，棚卸資産回転率が高くなることに注意することが必要である。

原材料回転率，仕掛品回転率，半製品回転率もそれぞれ2つの式で示される。分子に売上高を用いた比率は製造活動に対する在庫水準を，それ以外は回転速度を示す。

$$原材料回転率（回）＝\frac{売上高}{原材料} \qquad (11)$$

$$原材料回転率（回）＝\frac{原材料費}{原材料} \qquad (12)$$

$$仕掛品回転率（回）＝\frac{売上高}{仕掛品} \qquad (13)$$

$$仕掛品回転率（回）＝\frac{製造高}{仕掛品} \qquad (14)$$

$$半製品回転率（回）＝\frac{売上高}{半製品} \qquad (15)$$

$$半製品回転率（回）＝\frac{製造高}{半製品} \qquad (16)$$

❹ 固定資産回転率

固定資産回転率は，固定資産の利用度を示す比率であり，この比率の高低によって固定資産への過大投資や遊休資産の有無を検討することができる。売上債権および恒常在高部分を除く棚卸資産は，売上高に応じて変動

する変動的資本であり，固定資産は売上高と比例しない固定的資本である。したがって，売上債権回転率や棚卸資産回転率は売上高が増えてもそれほど高くならないのに対し，固定資産回転率は売上高が増えると高くなる傾向がみられる。

しかし，売上高が減少している場合，売上債権や棚卸資産が債権管理や在庫管理によって，比較的容易に減らすことができるのに対し，固定資産の削減は減量経営，リストラに示されるように簡単ではない。

固定資産回転率とほぼ同じ概念に「操業度」がある。操業度は，一定期間の最大可能生産高に対する実際生産高の割合をいう。たとえば，1ヵ月間の最大可能生産高が1,000個で，実際生産高が500個とすると，操業度は50％である。外部分析では，操業度の把握が困難であるため，固定資産回転率によって操業度とみなすことができる。

固定資産回転率は，固定資産の多寡に起因して業種による違いが大きい。また景気の変動に左右されやすいので，比較にあたっては業種と景気に留意する必要がある。

固定資産回転率を測定するための比率として，次のようないくつかの計算式がある。

$$\text{固定資産回転率（回）} = \frac{\text{売上高}}{\text{固定資産}} \quad \cdots\cdots(17)$$

$$\text{固定資産回転率（回）} = \frac{\text{売上高} + \text{営業外収益}}{\text{固定資産}} \quad \cdots\cdots(18)$$

$$\text{稼働設備回転率（回）} = \frac{\text{売上高}}{\text{有形固定資産} - \text{建設仮勘定}} \quad \cdots\cdots(19)$$

固定資産回転率の指標としては(17)式が一般的である。固定資産には外部投資が含まれているので，分子，分母の対応関係を精緻化するためには(18)

式を用いる必要がある。(19)式は，現在稼働している設備の回転率を示し操業度の代理指標として用いることができる。

❺ 減価償却率

　減価償却率は，本来の意味における固定資産回転率を意味する。したがって，固定資産回転率として減価償却率が示される場合も多い。ここで本来の意味における固定資産回転率とは，減価償却によって不特定の流動資産として回収される速さをいう。売上原価，販売費および一般管理費として計上された減価償却費は，売上高によって回収され現金や売上債権に変化していく。この流動資産化の速度が速ければ速いほど，内部留保が潤沢になり，安全性に寄与するとともに将来の成長の原資が蓄積される。

　減価償却率を分析する際には，いくつかの点に注意しなければならない。まず，減価償却費は減価償却方法の違いによって左右される点である。いうまでもなく減価償却費は，定率法では初期には高く，定額法では低くなる。次に，減価償却費の計上は，利益平準化のために操作されやすいので，継続性の原則が守られているかどうかをみることが必要である。さらに，設備投資を行った時期には減価償却費が急増するので，減価償却費の増加の理由を確認することが求められる。

　減価償却率の計算式には，次の2つがある。

$$減価償却率(\%) = \frac{減価償却費}{固定資産 + 減価償却費} \times 100 \quad \cdots\cdots (20)$$

$$減価償却率(\%) = \frac{減価償却費}{有形固定資産 - (土地 + 建設仮勘定 + 外部投資) + 減価償却費} \\ \times 100 \quad \cdots\cdots (21)$$

一般的には(20)式が用いられるが，稼動設備の償却状況をみるためには(21)式がよい。なお，減価償却がどの程度進んでいるかをみるためには，次の計算式がある。

$$減価償却累計率(\%) = \frac{減価償却累計額}{固定資産} \times 100 \quad \cdots\cdots\cdots\cdots\cdots\cdots (22)$$

第5章

損益分岐点分析

第1節　損益分岐点を利用した採算性分析

1　損益分岐点の概念

　損益分岐点（break even point）は損益分岐点売上高ともいわれ，企業の収益と費用が一致し利益も損失も生じない売上高（または生産量，操業度）をいう。つまり営業水準の採算点である。企業の費用が仮にすべて売上高に比例する変動費であるならば，収益に対する費用の割合は，売上高のいかんにかかわらず一定である。しかし，費用には変動費のほかに売上高の増減にかかわりなく一定額発生する固定費が存在するため，売上高がある高さにまで達しないと，収益は費用をまかなえず損失を生み，ある高さに達して始めて利益を生むようになる。

　損益分岐点という場合，狭義では収益と費用が均衡する採算点を指すが，広義には，売上高，費用，損益の関係つまり採算の関係を指す。損益分岐点を広義に解するとき，CVP（cost-volume-profit）分析あるいはCVP関係分析といわれることもある。損益分岐点が概念的に広狭2義に分けられるにしても，実際の損益分岐点分析において明確に狭義の損益分岐点分析と広義のCVP分析に分けられるものではない。

　企業の利益は，収益と費用という2つの要素の因果関係によってきまる。この収益と費用の増減関係は，利益構造，損益体質あるいは損益構造などといわれる。収益と費用の増減関係において，収益との因果関係が直接的な費用が変動費であり，収益との因果関係が間接的でその発生がほぼ一定している費用が固定費である。ここでいう因果関係は，収益の増減に対して費用の増減が比例的か否かということである。

　収益と費用との因果関係には，もう1つ，成果と犠牲価値という意味での対応関係かある。売上高と売上原価との間には直接的対応関係があり，

販売費および一般管理費との間には期間的対応関係がある。すなわち，営業収益と売上原価および営業費用の間には密接な因果関係が認められるのである。しかしながら，営業外収益と営業外費用との間には有意味な因果関係は少ない。この意味で，経常利益段階の損益分岐点は営業利益段階までの損益分岐点に比べ精緻さにおいて劣る。

なお，経常利益段階の損益分岐点分析を行う場合，営業外収益は売上高に，営業外費用は固定費として取り扱う。

❷ 損益分岐点分析の利用

損益分岐点分析は，採算性の視点から収益性と安全性の分析方法として行われる。とくに収益性分析では未来志向的な分析手法として用いられる。たとえば，短期利益計画，予算編成，長期利益計画，設備投資計画，さらに原価管理などにおいて利用されている。設備投資の決定にあたっては，投下資金の回収見込時期とともに損益分岐点到達時期の予測が重視される。利益計画においては，目標利益＝予想売上高―許容費用の考え方に立って，次のような検討に利用することができる。

(1) 売上高増大

売上高増大の方法には，販売量の増加，販売価格の引上げ，製品組合せの改善，有利地域への転換，販売組織の改善，販売経路の改善，新市場の開拓，新製品の発売などがあり，損益への影響の検討に利用できる。

(2) 固定費削減

固定費削減の方法には，資産の売却，機械・設備のリース化，派遣社員・パート従業員など雇用形態の非正規化，自社生産の外注化などがあり，損益への影響の検討に利用できる。

(3) 変動費率低減

　変動費の引下げ方法には，①原材料購買単価の引下げ，②使用材料の変更，③消費量の節減，④作業時間の短縮，⑤作業工程の短縮，⑥販売直接費の節減などがあり，損益への影響の検討に利用できる。

(4) 売価の引上げ

　売価を引上げると損益分岐点を下げることができる。ただし，売価の引上げは差別化戦略をとっていないと販売量の低減をもたらしやすく注意を要する。
　売上高と損益の間には，増収増益，増収減益，減収減益，減収増益の4つのケースがあり，こうした関係を検討するためには損益分岐点分析が有用であり，安全性の分析にも利用できる。損益分岐点の位置が高いか低いか，売上高がどの程度損益分岐点を上回っているかによって企業の安全性は異なる。固定費負担が大きい財務体質では，固定比率（固定費／売上高）が好況期には小さくなるので売上高の増大以上に利益は増大するが，不況期には逆になる。

第2節　図表による損益分岐点の求め方

　損益分岐点分析の方法には，図表による方法と公式による方法がある。損益分岐点分析を理解するためには，損益分岐図表を描いてみるのが早道である。図表による方法は，鳥瞰図的に考察できる点ですぐれているが，正確に損益分岐点を求められないので公式によって分析する方法と併用することが必要である。損益分岐図表は，損益分岐点図表，利益図表ともいわれ，鳥瞰図的に考察することができるので，よく用いられる。損益分岐図表には，以下のようないくつかのタイプがある。

第5章 損益分岐点分析

❶ 基本的な損益分岐図表

　基本的な損益分岐図表は，**図表5-1**に示すように，収益，費用，損益（損失と利益）の三者の関係を図表化したものである。この図表では，固定費に変動費を加える方法で総費用線が示される。この図表は，ヒト，モノ，カネからなる経営組織を準備したうえで経営活動を始めるという単純な発想に合致するためわかりやすい。

　利益増大の方法としての固定費削減，変動比率低減，売価の引上げ，販売量の増大を基本的な損益分岐図表で示すと，**図表5-2**のようになる。なお，販売量の増大は損益分岐点を引下げるものではないことに留意することが必要である。

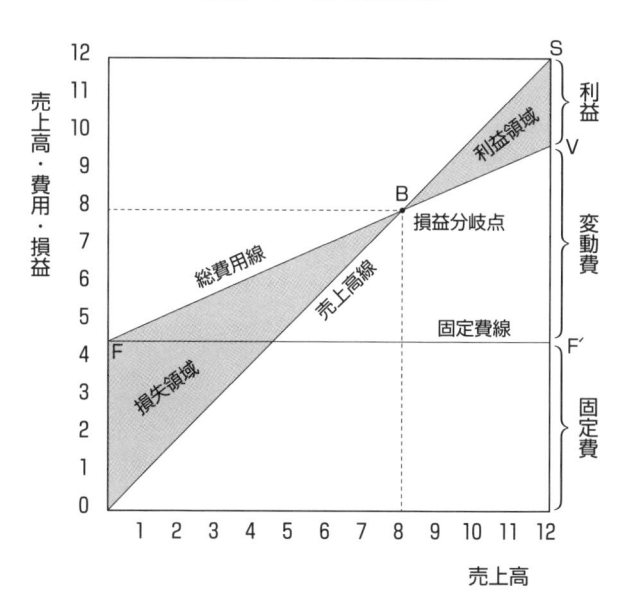

図表5-1　損益分岐図表

図表 5-2　損益分岐図表による利益増大の検討

① 固定費引下げによる利益増大

② 変動費引下げによる利益増大

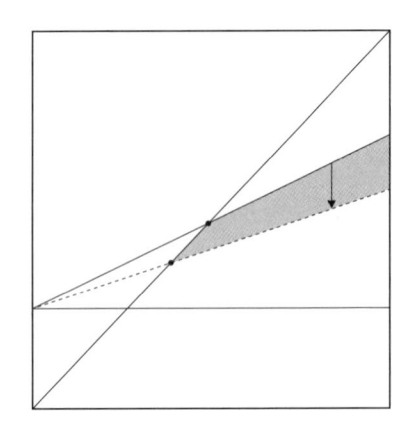

③ 販売価格引上げによる利益増大

④ 販売量の増加による利益増大

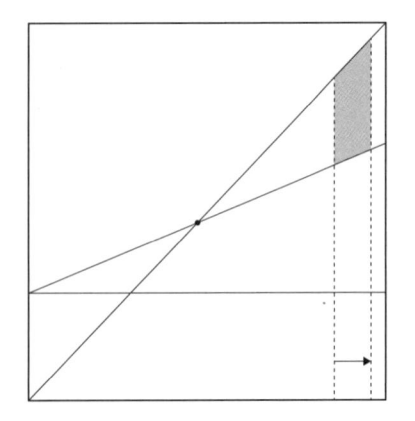

2 限界利益方式の損益分岐図表

　限界利益方式の損益分岐図表は，図表 5 - 3 に示すように，変動費線の上に固定費部分を積み重ねて総費用線を示した損益分岐図表である。基本的な損益分岐図表は固定費線が横軸に平行に引かれているので限界利益の大きさが分らないという欠点をもっている。この欠点を取り除いたものが限界利益方式の損益分岐図表であり，次のような利点をもっている。

①限界利益の大きさを知ることができる。

②変動費は，売上高に応じて変化するので，固定費よりもその大きさを把握することがやっかいである。基本的な損益分岐図表では総費用より固定費を差引かないと変動費を知りえないが，この図では直接的に変動費が示される。

③限界利益と固定費との関連が明確に示されるので予測や計画において便利である。

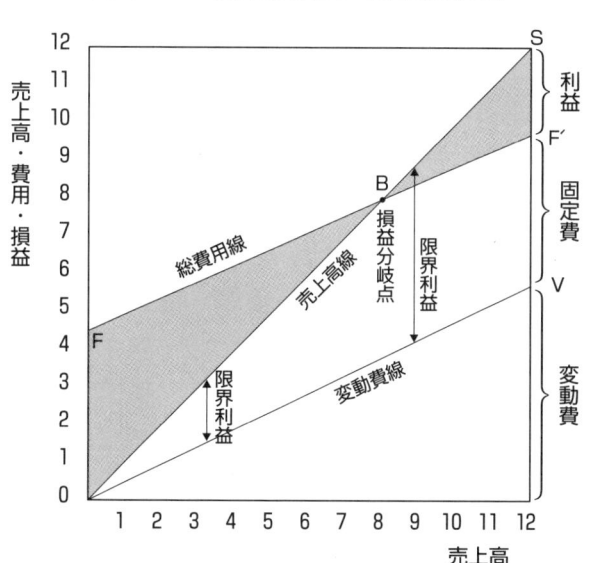

図表 5 - 3　限界利益方式の損益分岐図表

❸ 限界利益図表

　限界利益方式の損益分岐図表を発展させた図表に**図表5-4**に示す限界利益図表がある。この図表は，売上高に対比して固定費と限界利益を図示するものであり，限界利益と固定費および損益の関係を明瞭に示す。限界利益図表においては，損益分岐点は限界利益で固定費を回収できる点として示される。したがって，限界利益で固定費を回収して残余があれば利益となり，固定費を回収できなければ損失となる。限界利益は，価格政策，製品組合せ政策，操業度政策において重要な概念であるため，利益計画における限界利益図表の利用価値は高い。

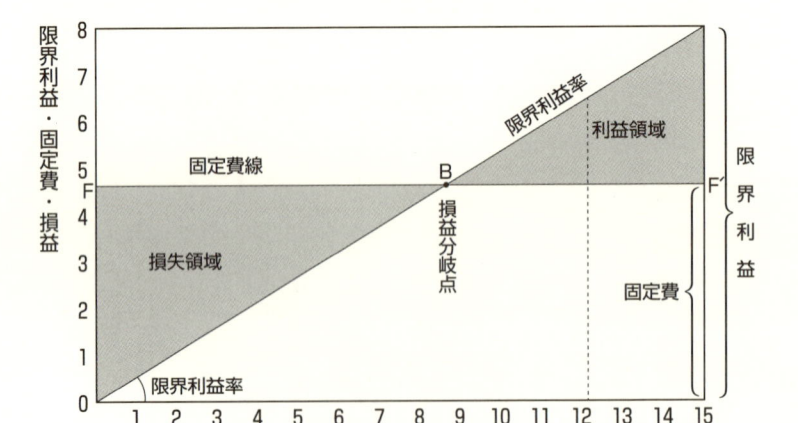

図表5-4　限界利益図表

第3節　公式による損益分岐点の求め方と応用

損益分岐点は，売上高，変動費および固定費の関係から以下のように求めることができる。

売上高 −（変動費 ＋ 固定費）＝ 利益 ……………………………………(1)

売上高 − 変動費 ＝ 限界利益 ……………………………………………(2)

限界利益 − 固定費 ＝ 利益 ………………………………………………(3)

限界利益 ＝ 利益 ＋ 固定費 ………………………………………………(4)

損益分岐点売上高 ＝ 固定費 ÷ $\left(1 - \dfrac{変動費}{売上高}\right)$ …………………(5)

売上高から変動費を差し引いたものが限界利益である。限界利益は売上高が1単位増えることによってもたらされる増分利益である。限界利益から固定費を差し引くと利益が算定される。限界利益と固定費が等しく，差引きゼロの状態が損益分岐点である。

損益分岐点の基本公式を応用することによって種々の公式を導き出せる。例としていくつかの公式を以下にあげる。

損益分岐点比率（％）＝ $\dfrac{損益分岐点売上高}{売上高}$ × 100 ……………………(6)

目標利益達成のための売上高

$= \dfrac{固定費 + 目標利益}{\left(1 - \dfrac{変動費}{売上高}\right)}$ …………………………………………(7)

変動比率が下がった場合の損益分岐点

$$= \frac{固定費}{1 - \dfrac{変動費(1-変動費低下率)}{売上高}} \quad \cdots\cdots (8)$$

　損益分岐点比率は，100％を超えれば赤字，100％以下であれば黒字であることを示し，理解しやすい比率である。一般的には80％台にないと赤字になりやすい財務体質といえる。

　安全性を検討するために，安全余裕率（売上高−損益分岐点売上高／売上高）がわかりやすい。安全余裕率は，ＭＳ比率（margin of safety）ともいわれ，損失が発生するまでの余裕を示す。9式に示すように安全余裕率は，限界利益率（限界利益／売上高）とともに売上高利益率を左右する要因であり，企業の損益体質の解明とそれにもとづく経営方策を決定するための指標として利用できる。安全余裕率は10式に示すように企業の弾力性を示すから，同じ高さの売上高利益率であっても安全余裕率の高い方が景気変動や経営規模の変化に適応する体質をもっているといえる。

売上高利益率（％）

$$= \frac{利益}{売上高} \quad \cdots\cdots (9)$$

$$= 限界利益率 \times 安全余裕率$$

$$= \frac{限界利益}{売上高} \times \left(1 - \frac{損益分岐点売上高}{売上高}\right)$$

$$= \frac{限界利益}{売上高} - \frac{\left(限界利益率 \times \dfrac{固定費}{限界利益率}\right)}{売上高}$$

$$= \frac{限界利益 - 固定費}{売上高}$$

安全余裕率(%)

$$= 1 - \frac{損益分岐点売上高}{売上高} \quad \cdots\cdots(10)$$

$$= 1 - \frac{\dfrac{固定費}{限界利益率}}{売上高}$$

$$= 1 - \left(固定費 \times \frac{1}{限界利益率} \times \frac{1}{売上高}\right)$$

$$= 1 - \frac{固定費}{限界利益}$$

$$= \frac{限界利益 - 固定費}{限界利益}$$

$$= \frac{利益}{限界利益}$$

$$= 弾力性$$

損益分岐点に関する比率は，収益性の分析にも用いることができる。自己資本利益率は，(11)式に示すように損益構造を反映する限界利益率および安全余裕率と，資産構造，資本構造を反映する固定資産回転率および固定比率に分解することができる。この式から，固定資産過多に起因して，安全余裕率，固定資産回転率，固定比率が悪くなっていないか，その結果として自己資本利益率の低下を招いていないかなどを検討することができる。

自己資本利益率(%)

$$= 限界利益率 \times 安全余裕率 \times 固定資産回転率 \times 固定比率 \quad \cdots\cdots(11)$$

$$= \frac{限界利益}{売上高} \times \frac{(1 - 損益分岐点売上高)}{売上高} \times \frac{売上高}{固定資産} \times \frac{固定資産}{自己資本}$$

第4節　損益分岐点分析の前提と費用の分解

1　損益分岐点分析の前提条件

損益分岐点分析を行うためには，以下のような条件が前提とされる。
①費用の固定費と変動費への分解が可能なこと
②固定費は営業量（売上高，操業度）にかかわらず一定であること
③変動費は営業量（売上高，操業度）に比例して変動すること
④販売価格は営業量（売上高，操業度）に関係なく一定であること
⑤製品構成が一定であること
⑥原価要素の価格が一定であること
⑦経営組織，製造方法が一定であること

　以上の条件でとくに重要なものは，固変分解である。固定費と変動費への分解に絶対的な方法があるわけではない。また固定費と変動費が業種や業態によって異なるため，企業間比較にも限界がある。その他の前提条件も長期間にわたって維持されることは実際にはないといってよい。この意味で，損益分岐点分析は短期的な分析手法である。そのため，損益分岐点分析は，短期的な利益計画を樹立することには有効であっても，長期的な利益計画の樹立に対しては限界を有する。

　損益分岐点分析が静態的であるという限界に対しては，前提条件としての①原価要素の価格一定，②販売価格一定，③製品構成が一定などの条件を変更した場合，損益分岐点がどのように変るかを分析することによって，損益分岐点分析の動態化が行える。

❷ 費用動態（コスト・ビヘィビア）

　費用の固定費と変動費への分解は，操業度に関連づけて行われる。操業度は，生産設備を一定とした場合，その生産設備がどの程度利用されたかという利用度をいい，その測定尺度として売上高，生産高，機械の運転時間などの営業量が用いられる。たとえば，設備をフル操業したときの車の1ヵ月の生産台数が5,000台のばあい，実際の生産台数が2,500台であれば操業度は50％である。この操業度の変化に対する費用動態によって，費用は大きく固定費と変動費に分けられる。

　固定費は，一定の操業範囲において操業度の変動にかかわりなく，一定期間総額が変化しないコスト項目であり，①機械設備など製造・販売の能力を準備する準備費用，②製造・販売に関係なく時間の経過とともに一定額消費される時間費用という性格をもっている。このような性格から固定費はキャパシティ・コストとして捉えられることもある。キャパシティ・コストは，一定の経営能力の準備とその利用度の維持によって，継続的に発生するコストである。固定費の例として，モノに関して発生する減価償却費，火災保険料，不動産賃借料，固定資産税，カネに関して発生する支払利息，ヒトに関して発生する人件費などがあげられる。

　変動費は，操業度の変化にともなって一定期間その総額が比例的に増減する費用である。変動費は固定費と異なり製造・販売の営業活動が行われることによって生じる費用であるから，営業活動の行われていないときには発生しない。変動費の例として材料費，直接賃金（出来高給など）などがあげられる。

　費用のなかには，固定費にも変動費にも分類しにくい準固定費，準変動費がある。これらは，その性質において固定費的性質と変動費的性質の双方をもつ費用である。そのためこのような費用のうち固定費的性質をより多くもつ費用は準固定費として，変動費的性質をより多くもつ費用は準変

動費とされる。損益分岐点を算定するためには，固変分解が前提になるので，準固定費は固定費として準変動費は変動費として処理する。

　準固定費は，ある範囲内の操業度においては固定的であり，これを超えると飛躍的に増加し，再び一定の範囲内で固定化する費用である。段階的に飛躍的な変動をする点に特徴がある。たとえば，現有の設備で69％までの操業度の場合，監督者が1人で支払給料は30万であるが，操業度が70％を超えると補助監督者1名の増加を必要とし，その給料20万が加算されるため支払給料が50万円となるような場合である。

　準変動費は，操業度に対する比例の仕方によって逓減費と逓増費に分けられる。逓減費は，操業度の増加よりも増加率が逓減する費用で，動力費，補助材料費，管理費など直接生産に関係のない補助的活動において発生する費用などである。逓増費は，操業度の増加よりも増加率が逓増する費用で，時間外残業手当の支給において時間延長の1時間ごとに割増賃金を支給するような場合や基準料金の範囲を超える水道光熱料などの費用などである。

❸ 固定費管理の重要化と費用分解

　費用を固定費と変動費に分解することは，単に損益分岐点を知るためではなく，費用管理のために重要である。固変分解は，経営規模の拡大にともなって増大しがちな固定費抑制の手がかりを与えるものである。固定費の増大は次のような理由による。

(1) 設備投資の増大と更新の必要性

　市場が飽和状態になると競争が激化し，経営の合理化，生産性向上の必要性が求められスクラップ・アンド・ビルドをできるだけ早く行う必要が生じる。設備投資の増大にともない減価償却費，借入金を利用した設備投資の場合にはさらに金利が，固定費として増大する。

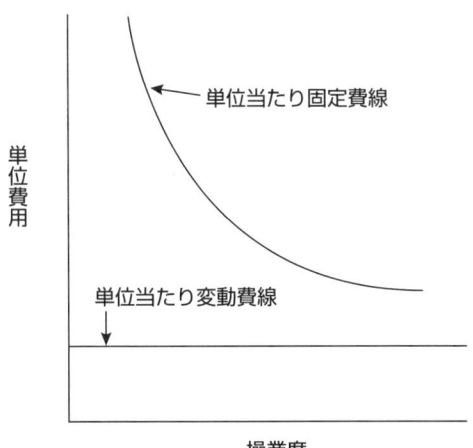

図表5-5　単位当たり固定費線・単位当たり変動費線

（縦軸：単位費用　横軸：操業度）
単位当たり固定費線
単位当たり変動費線

(2) 経営管理の重要性の増大

　企業の大規模化により，IT関係など経営管理に要する費用が増大する。IT関係などの管理費は，企業の操業度とはほとんど関係のない固定費である。

(3) 企業の社会的責任の増大

　経営活動にともなう社会的責任の重要化にともない，環境コスト，パブリック・リレーションズに要する費用など固定的性格の費用負担が増加する。

　固定費は，操業度のいかんにかかわらず一定額発生する費用であるため，経営の弾力性を失わせ，景気変動の影響を強く受けるとともに景気変動への適応力を弱めるという結果をもたらす。固定費を単位当り費用でみると**図表5-5**のように操業度が高くなるにしたがって逓減するので，景気上昇期には操業度の増加によって固定費負担を軽減できる。ところが景気後退期には操業度の低下にともなって固定費負担が増大する。したがって固

定費の大きい企業ほど景気変動によって収益を左右されやすい。加えて，減価償却費，固定資産税，火災保険料などのいったん設備がつくられると，その設備の耐用年数の全期間にわたって発生する固定費は，設備廃棄などをしないかぎり短期的にその発生額を変更できないので，固定費負担の大きい企業ほど景気変動への適応力は弱い。

固定費管理のためには，操業度による固定費，変動費という分類とともに，発生源泉によるキャパシティ・コスト，アクティビティ・コストという分類が有効である。キャパシティ・コストはキャパシティを保有することから発生するコストであり，アクティビティ・コストは経営活動に起因して発生し活動量にもとづいて管理できるコストである。キャパシティ・コストは，さらにコミテッド・キャパシティ・コストとマネージド・キャパシテとに区分される。

コミッテッド・キャパシティ・コストは，既決コストともいわれ，減価償却費，固定資産税など製造・販売活動に使用される物的設備にかかわる費用である。これに対してマネージド・キャパシティ・コストは，管理可能コストともいわれ，賃金・給料，試験研究費，広告宣伝費などが相当する。これらの費用は，予算期間内においては操業度のいかんにかかわらずその総額が固定されているが，年度計画において経営の活動量に結びつけて増減管理することのできる費用である。

設備をつくってしまった後では管理不能になる固定費も，キャパシティ・コストの観点から事前に需要に見合うキャパシティにすることによって，固定費発生以前に発生源泉で管理できる。

第４節　費用分解の方法

費用の固定費と変動費への分解は，準固定費，準変動費のような中間的

性質の費用が多いため完全にはできない。費用分解が適切にできるかどうかは，中間的性質の費用項目の分解いかんにかかっているといえる。費用の分解は，それ自身に目的があるのではなく，分解することによって経営分析の用具として利用しようとするものであるから，精緻さの程度は分析目的や分析資料の入手の程度に応じて考えればよい。

費用分解の方法としては，大きく個別費用法と総費用法に分けることができる。総費用法による費用分解の方法には概算法，散布図表法および最小自乗法の３つがある。

両方法の特徴的な相違は，個別費用法が費用項目を個別的に検討して固定費と変動費に分解するのに対し，総費用法が費用を一括して把握したうえで固定費と変動費に分解する点にある。

❶ 個別費用法

個別費用法は，勘定科目法ともいわれ，費用項目を個別的に検討して固定費と変動費に分類する方法であり，最も広く利用されている。その理由は，損益計算書や製造原価報告書の勘定科目を個別的に分類するものであるから，①容易に分解できるとともに，②経営活動にともなって生じる変化を捨象して分解作業を進めることができる点にある。

費用には，明確に固定費的性質をもつものは少なく，中間的性質としての準変動費と準固定費が多い。それを変動費と固定費に分解するのであるから，分解基準は確たる理論的根拠をもつものではなく便宜的なものである。しかしながら同一の分解基準を毎期継続的に適用していけば期間ごとの比較可能性が得られ，便宜的とはいっても安易に考えてはならない。

個別費用法による費用区分を例示すると**図表5-6**のようになる。また，簡便な方法として次のような方式を採用してもよい。この方式は，企業相互間の損益分岐点を比較する場合には便利である。

図表 5-6　勘定科目別費用区分

		固　定　費	変　動　費
製造原価	材料費	消耗工具費 消耗品費	主要材料費 補助材料費
	労務費	直接労務費 間接労務費	出来高または時間賃金 外注工賃 割増賃金
	経費	減価償却費 水道光熱費（基本料金） 賃借料 福利厚生費 保険料 交通費 通信費 修繕費 棚卸消耗費 試験研究費 雑費	手数料 水道光熱費
販売費および一般管理費	販売費	販売員給料 広告宣伝費 その他販売管理費	販売手数料 販売員旅費 荷造運送費 貸倒損失
	一般管理費	役員報酬 事務員給料 退職給与引当金繰入 接待交際費 事務用備品費 賃借料 地代・家賃 減価償却費 保険料 通信費 租税公課 雑費	

固定費＝販売費および一般管理費＋営業外費用＋製造原価労務費＋
　　　｛諸経費－(外注加工費＋水道光熱費)｝

変動費＝売上原価－｛製造原価労務費＋(諸経費－外注加工費－水道光熱費)｝

❷ 総費用法

　総費用法は，当期の売上高および費用と前期のそれを対比することによって，費用を分解する方法である。総費用をもとに分解する方法であるため総費用法とよばれ，概算法，散布図表法，最小自乗法がある。

(1) 概算法

　この方法は，数学的方法，変動費率法，2期間比較法ともいい，2期間の売上高および総費用額をそれぞれ対比して，費用増加分を売上高の増加分で除して変動費率を求め，その変動費率を売上高に乗じて変動費を計算し，当該売上高の総費用から変動費を差引いて残額を固定費とする。たとえば，次のような数値をもつ企業を仮定すると，この企業の総費用は次のように固定費と変動費に分解できる。

〈設例〉

	売上高	総費用	利益
01年度	8,000,000円	6,800,000円	1,200,000円
02年度	9,400,000円	7,800,000円	1,600,000円
増減額	1,400,000円	1,000,000円	400,000円

(1) 変動比率 $= \dfrac{総費用増加額}{売上高増加額} = \dfrac{1,000,000}{1,400,000} = 0.7$

(2) 変動費額＝売上高×変動比率

　　　　　01年度　8,000,000×0.7＝5,600,000円

　　　　　02年度　9,400,000×0.7＝6,580,000円

　　(3)　固定費額＝総費用－変動費

　　　　　01年度　6,800,000－5,600,000＝1,200,000円

　　　　　02年度　7,800,000－6,580,000＝1,220,000円

　総費用法によって費用分解を行うためには次のような前提条件が成立していなければならない。

①変動比率に変化がないこと

　総費用法では2期間の売上高と総費用を対比して費用を分解するので，変動比率に変化があると変動費の額が過大になったり過小になったりする。たとえば原材料費の価格や直接賃金の支払率が異なると変動費率も違ってくる。

　また，操業度が異常に高かったり低かったりする期間と普通の期間を対比して費用を分解すると，適切な分解にはならない。したがって総費用法では，おおむね普通の操業度と考えられる期間について，費用を分解しなければならない。

②固定費に増減がないこと

　固定費に増減があると，2期間の費用の差額の金額を，変動費とみることができないから，変動費がそれだけ過大または過小に計算されることになる。

③製品の販売価格に変化がないこと

　製品の販売価格が変化すると，変動費率がゆがめられて算出されることになる。製品1単位当たりの変動費の額には変化がなくても，製品の販売価格が高くなれば，売上高1単位当たりの変動費の額は低くなり，販売価格が安くなれば，売上高1単位当たりの変動費の額は多くなる。

④品種別の売上高の割合に変化がないこと

多品種生産企業の場合には，品種によって変動費率がそれぞれ異なることが多いので，品種別の売上構成割合が変化すると変動費も異なってくる。

以上の前提から分るように，比較する2期間の間隔が長いと条件の変化する可能性も大きいので，比較する2つの期間をできるだけ近づける必要がある。たとえば前月と当月では一般的には大きく変化することはない。

(2) 散布図表法

散布図表法（スキャター・グラフ法）は，スキャター・グラフを用いて変動費と固定費に分解する方法である。まず，図表の縦軸に総費用を，横軸に売上高（生産量）をとり，図表上に各売上高とこれに対する総費用額をプロットする。次に目測によりプロットされた諸点の中心を通る直線を引く。この直線と縦軸の交点までの高さが固定費の額であり，またこの直線と横軸との傾斜は変動費率を表わす。

1月から12月までの各月の売上高および費用が次のようであったとすると，図表のように費用線が描ける。図をみると，費用線は縦軸と230万円のところで交差しているので，230万円が固定費である。変動費率はa分のbで，約70%となる。

(単位万円)

月	1月	2月	3月	4月	5月	6月
売 上 高	950	850	700	600	900	1,000
総 費 用	850	830	680	650	820	900

散布図表法による費用の分解は費用線の引き方に恣意性が入りやすく，固定費の額と変動費率の計算に正確性に欠けるおそれがあるので，次の最小自乗法による方法と併用することが望ましい。

散 布 図 表

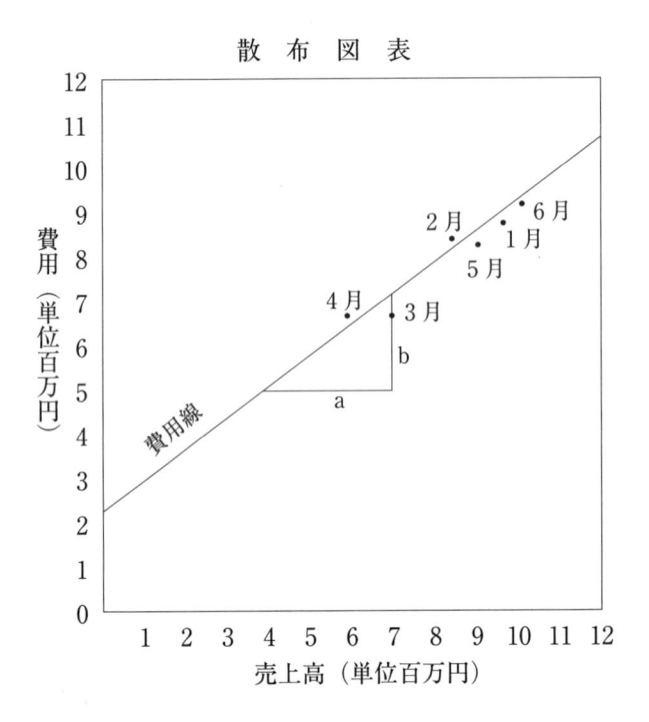

```
             12
             11
             10
              9        ・6月
     費        ・2月  ・1月
     用      8    ・5月
     （       7
     単      ・4月 ・3月
     位      6
     百       5        b
     万       4    a
     円       3
     ）       2  費用線
              1
              0
                1 2 3 4 5 6 7 8 9 10 11 12
                    売上高（単位百万円）
```

(3) **最小自乗法**

　この方法は最小自乗法により固定費と変動費に分解する方法である。最小自乗法では次の公式が用いられる。

> $y = a + bx$ ……(1)直線を表わす方程式
> y…費用　　a…固定費　　b…変動費率　　x…売上高

　(1)式にxを乗じると

　　$xy = ax + bx^2$ ……………………………………………………………(2)

　(1), (2)式につき，数期間のこれらの総和をもとめると次の2つの等式がなりたつ。

$\Sigma y = na + b\Sigma x$ ··(1)'

$\Sigma xy = a\Sigma x + b\Sigma x^2$ ··(2)'

上の連立方程式から固定費をもとめると

$$a = \frac{\Sigma y - b\Sigma x}{n}$$ ···(3)

変動費率をもとめるためaを(2)'に代入すると

$$\Sigma xy = \left(\frac{\Sigma y - b\Sigma x}{n}\right)\Sigma x + b\Sigma x^2$$

両辺にnを乗ずると

$$n\Sigma xy = \Sigma x\Sigma y - b(\Sigma x)^2 + nb\Sigma x^2$$

$$b = \frac{\Sigma x\Sigma y - n\Sigma xy}{(\Sigma x)^2 - n\Sigma x^2}$$ ···(4)

いま表の資料によってΣx，Σy，Σx^2，Σxyをもとめて，これらを上式に代入すればaおよびbは，次のようになる。

(単位万円)

月	売上高 (x)	費用 (y)	x^2	xy
1	950	850	902,500	807,500
2	850	830	722,500	705,500
3	700	680	490,000	476,000
4	600	650	360,000	390,000
5	900	820	810,000	738,000
6	1,000	900	1,000,000	900,000
	(Σx)5,000	(Σy)4,730	4,285,000	4,017,000

$$b(変動費率) = \frac{5,000 \times 4,730 - 6 + 4,017,000}{5,000^2 - 6 \times 4,285,000} = 0.64$$

$$a(固定費) = \frac{4,730 - 0.64 \times 5,000}{6} = 255$$

第6章

安全性分析

第1節　企業倒産の要因

❶ 戦略的リスクと管理的リスク

　企業が存続していくためには，的確な経営戦略と経営管理が求められる。経営戦略は，変化する企業環境に適応するために，新たに資源を投入したり，現在の経営資源を再配分したりして，経営活動の基盤を構築することである。経営管理は，現在の経営資源を与件として，生産・販売・財務・人事などの諸活動を行うことによって，当面の成功をはかることである。前者の経営戦略には「戦略的リスク」が，後者の経営管理には「管理的リスク」がともなう。

　戦略的リスクは，経営戦略にともなうリスクであり積極的に負担すべき成長リスクである。環境変化の激しい現代においては，革新のない経営は，早晩，衰退を招く。この意味で戦略的リスクを恐れては生き残れない。しかし，革新性と計画性のない成長はつまずきのもとになる。たとえば設備投資において，成長が見込めるかどうか，投下資金が回収できるかどうかという成長リスクが発生する。

　管理的リスクは，経営管理にともなうリスクであり回避すべき倒産リスクである。管理の欠如あるいは管理不十分な経営は，顧客の不信，労使紛争，取引先の離反などを招き，企業の維持を困難にする。とくに資金管理が不適切だと，長期資金の返済，営業活動の資金の手当てができず倒産リスクが顕現化する。

❷ 倒産要因の多様性

　安全性分析は，財務状態が倒産からどれだけ安全な位置にあるかを明ら

かにする分析である。法律用語では倒産という用語は使用されておらず，通俗的に銀行取引停止処分をもって倒産といわれている。倒産は，狭義に解釈すると会社の整理あるいは精算に入った状態をいい，広義に解釈すると経営の行き詰まり，すなわち通常の方法では債務の支払ができない状態をいう。経営の行き詰まりの状態にはかなりの幅があるので，安全性分析ではどのような状態に置かれているのかを明確にする必要がある。この意味で倒産要因を知っておくことが重要である。

倒産要因は多種多様である。そのなかで，以下の要因は多くの企業が共通して直面する要因である。

①経済環境：不況期には倒産が多発する。1973年のオイルショックによる高度経済成長の終焉，1991年のバブル経済崩壊，2008年のリーマンショックに端を発した金融不況は，とりわけ多くの企業の倒産を招いた。

②規模：企業が順調に成長すれば，小規模→中規模→大規模企業へと拡大していく。しかし，大半の企業は中小規模のままに止まる。企業規模が小さいほど不況抵抗力が弱く，景気変動に左右されやすいため倒産しやすい。

③ライフサイクル：ほとんどの事業は，開発―成長―成熟―衰退というライフサイクルをたどる。事業が軌道に乗るまでの開発期および転換の必要がある衰退期には破綻しやすい。

多種多様な倒産要因は，対外的要因と体内的要因に分けられるとともに，中長期的要因と偶発的要因に分けることができる。それらを体系的に示すと，**図表6-1**のようになる。企業倒産は，1つの要因だけで引き起こされることは少なく，多くの場合，複数の要因が絡みあっている。たとえば，景気の低迷，代替製品の出現によって財務体力が弱っているところに，不渡手形や貸倒れが発生すると，金額的に小さくても倒産へのトリガー（引き金）となる。

図表6-1　倒産要因

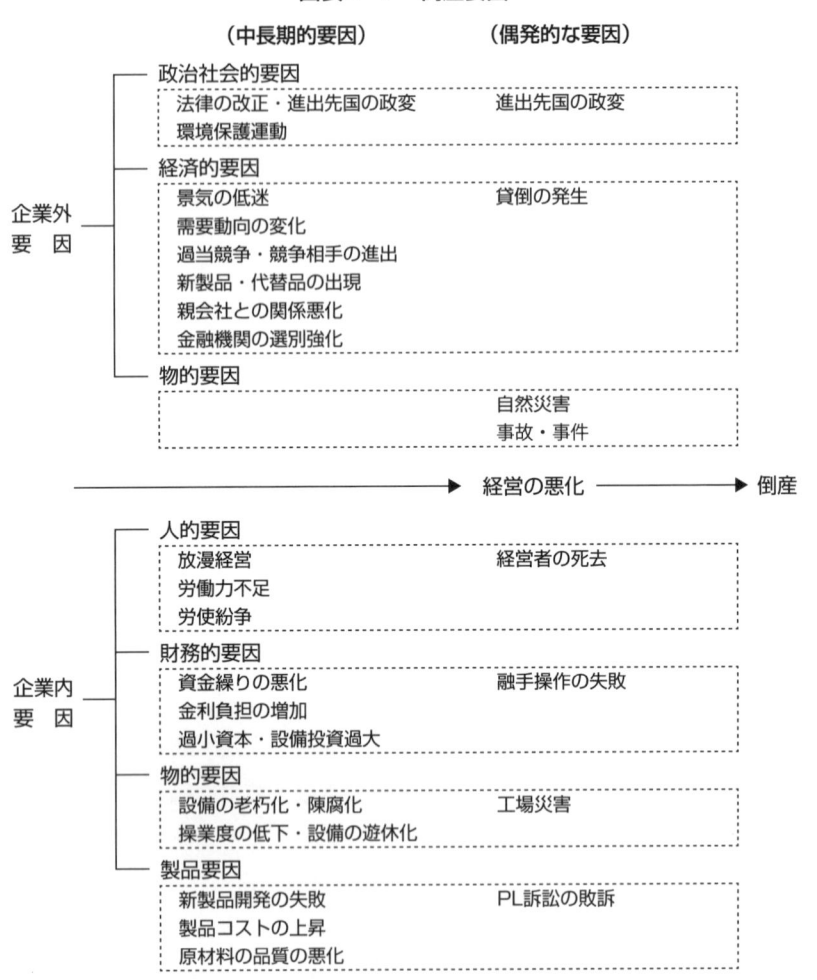

（中長期的要因）　　　　　　（偶発的な要因）

企業外要因
- 政治社会的要因
  - 法律の改正・進出先国の政変　　進出先国の政変
  - 環境保護運動
- 経済的要因
  - 景気の低迷　　　　　　　　　　貸倒の発生
  - 需要動向の変化
  - 過当競争・競争相手の進出
  - 新製品・代替品の出現
  - 親会社との関係悪化
  - 金融機関の選別強化
- 物的要因
  - 自然災害
  - 事故・事件

→ 経営の悪化 → 倒産

企業内要因
- 人的要因
  - 放漫経営　　　　　　　　　　　経営者の死去
  - 労働力不足
  - 労使紛争
- 財務的要因
  - 資金繰りの悪化　　　　　　　　融手操作の失敗
  - 金利負担の増加
  - 過小資本・設備投資過大
- 物的要因
  - 設備の老朽化・陳腐化　　　　　工場災害
  - 操業度の低下・設備の遊休化
- 製品要因
  - 新製品開発の失敗　　　　　　　PL訴訟の敗訴
  - 製品コストの上昇
  - 原材料の品質の悪化

❸ 倒産要因としての組織の脆弱性

　倒産する企業の大多数は中小企業である。しかし大企業であっても，内部統制，リスク・マネジメント，クライシス・マネジメント（危機管理）

が徹底しておらず，不祥事になった場合には社会的批判にさらされ，倒産や吸収合併を余儀なくされる場合が少なくない。

　生業の域をでない零細企業はいうまでもなく，中小企業は，組織的に脆弱であり倒産しやすい体質を潜在的に有している。中小企業は，オーナー経営，家族主義的経営であるため，迅速な意志決定，柔軟な経営，トップと下位の間に乖離がない一体的な経営ができるというメリットを有する反面で，経営者の能力が成長の限界になりやすいというデメリットを有している。

　中小企業の倒産は，表面的には財務的な逼迫が原因であっても，その背後に経営者の人格的な欠陥，病気，高齢化や公私混同，私行上の乱れ，同族間の支配権をめぐる争い，金融機関との衝突などが原因になっていることが少なくない。

　統計的に多い倒産原因は放漫経営である。経営者の責任に帰す放漫経営は，中小企業のみならず大企業にも少なくない。放漫経営が倒産に至る関係を示すと，**図表6-2**のようになる

図表6-2　放漫経営と倒産の因果関係の例

```
第1次的要因 ─────────→ 第2次的要因 ─────────→ 第3次的要因
(経営者要因)           (戦略・管理要因)          (財務要因)
人格的欠陥             無計画な設備投資         増収減益
企業家的素質の欠如     杜撰な資金計画           負債過多
経営能力の不足         無理な販売
```

❹　経営破綻へのプロセス

　安全性分析は，財務状態が倒産からどれほど離れた位置にあるかを明らかにする分析である。企業が破綻に至る段階は，**図表6-3**のように示すことができる。長期的にみると，まず過去の収益性が健全性に影響し，次

図表6-3 企業破綻に至る財務内容の変化

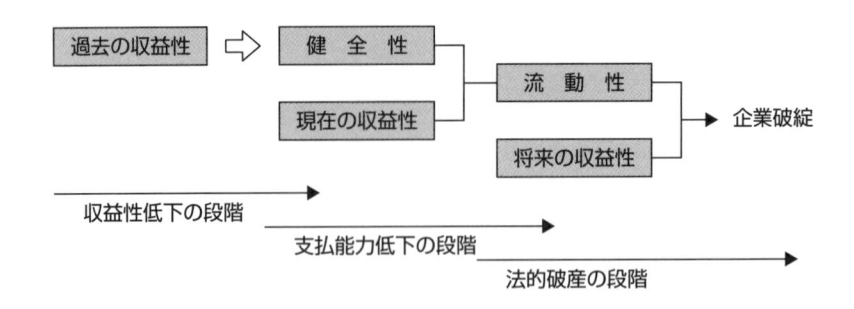

```
過去の収益性  ⇨   健　全　性
                              流　動　性
              現在の収益性                  → 企業破綻
                              将来の収益性

   収益性低下の段階
          →
              支払能力低下の段階
                    →
                        法的破産の段階
                              →
```

に健全性が現在の収益性とともに流動性に影響し，さらに流動性と将来の収益性の見通しが悪ければ融資を受けることが困難になり，経営破綻に陥る。

以上のプロセスは，実線で示されるように，①売り上げないし利益の減少から営業が赤字化する段階（収益性低下段階）→②赤字および資金不足が定着する段階（支払能力低下段階）→③存続か倒産かの岐路に立つ段階（法的破産段階）に分けられることができる。どの段階にあるかを知るためには，以下に示す状態を目安にすることができる。これは大まかな目安であり，各段階はオーバーラップしている。

収益性低下段階：収益＜費用，利益率＜資本コスト，実現利益＜期待利益などの関係がみられる状態
支払能力低下段階：債務超過（総資産＜総負債）にある状態
法的破産の段階　：監査報告でゴーイングコンサーンに疑義が示された状態

倒産に至るプロセスは，倒産要因の違いや業種によって異なるとともに企業の特有の要因によってそれぞれ異なるので，安全性分析は財務数値だ

けで判断することには無理がある。この点から，信用調査もあわせて行うことが求められる。信用調査は，帝国データーバンクや東京商工リサーチなどの外部の信用調査機関に依頼することもできる。

経験や観察から信用能力を推察するためには，以下に示すような点に留意することが役立つ。いずれも絶対的なものではなく，総合的に判断することが必要である。

①経営者の言動の変化（トップの不信を抱かせる言動，規定や慣行を無視した行動，公私混同など）

②組織面の変化（ペーパー・カンパニーの設立，商号変更，合併・提携のうわさ，内紛の発生など）

③販売面の変化（ダンピング販売，返品やクレームの増加，納期の遅れ，売上高の急増）

④財務面の変化（不動産売却の急増によるキャッシュフローの増加，取引銀行の変更，融通手形の疑い，支払条件の悪化など）

第2節　安全性の概念

❶　恒常性と適応性

安全性は2つの視点から明らかにすることができる。まず，安全性は安定性といわれることがあるように，変化に対し一定の状態を維持することをいう。換言すれば恒常性ということができる。たとえば，借入金の返済日到来という変化に対し返済資金の準備という一時的な対応が必要であるが，支払後はまた元の状態に戻る。このようにある範囲で一定の状態を維持することを安定性とか恒常性と考えればいい。当然のことながら変化が大きすぎると，定常状態に戻ることができない。いわば，サーモスタット

の機能する範囲が安全性の程度ということができる。

　サーモスタットが機能していれば財務的に破綻することはなく，その機能の程度は必要なときに必要なだけの資金を準備できる程度によってきまる。簡単にいえば支払資金があれば倒産することはない。したがって，安全性は倒産に対する資金の準備能力ということができる。具体的にいえばある時点における支払能力は，①当座資産として準備されている資産額，②売却可能な固定資産額，③金融機関等からの資金調達能力，④経営計画の変更可能性によってきまる。

　次に，安全性は，環境変に対して自らも変化して存続しようとする性質をいう。換言すれば適応性ということができる。環境に適応して成長していくための資金調達能力，成長にともなって破綻を招かない適応力と考えることができる。適応性をみるためには，財務の安全性をみるだけでは不十分であり，人的組織，物的組織についても検討する必要がある。たとえば，地球環境が重視される時代には，環境投資を優先順位の上位に位置づけることが必要である。

❷ 静態的均衡と動態的均衡

　安全性は，分析視点の相違によって**図表6-4**のように静態的均衡関係からみた安全性と動態的均衡関係からみた安全性に分けることができる。静態的均衡関係からみた安全性は，貸借対照表における均衡関係を意味し，短期的均衡関係からみた安全性と長期的均衡関係からみた安全性に分けることができる。

第6章 安全性分析

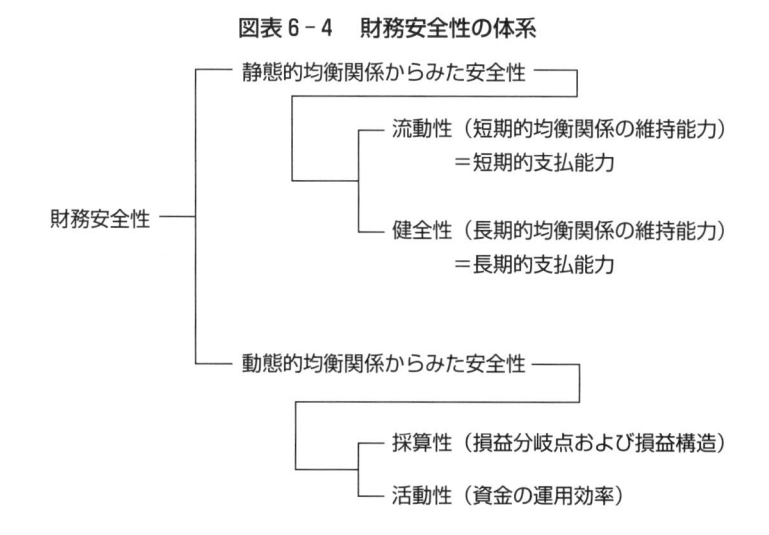

図表6-4 財務安全性の体系

```
                ┌─ 静態的均衡関係からみた安全性 ─┐
                │         ├─ 流動性（短期的均衡関係の維持能力）
                │         │   ＝短期的支払能力
                │         │
                │         └─ 健全性（長期的均衡関係の維持能力）
財務安全性 ──┤             ＝長期的支払能力
                │
                └─ 動態的均衡関係からみた安全性 ─┐
                          ├─ 採算性（損益分岐点および損益構造）
                          └─ 活動性（資金の運用効率）
```

　短期的均衡関係からみた安全性は，短期的支払能力である流動性の視点から分析される。流動性は流動資産と流動負債の均衡の程度をいい，短期的支払能力を左右する。長期的均衡関係からみた安全性は，財務の柔軟性である健全性の視点から分析される。健全性は，①資産構成における均衡，②資本構成における均衡，③資産と資本の均衡の程度をいい，長期的支払能力を左右する。長期的支払能力は担保能力ということもできる。

　動態的均衡関係からみた安全性は，損益計算書を中心とした均衡関係を意味し，1つには売上高と費用の均衡関係，もう1つには売上高と資産および資本との均衡関係に分けられる。売上高と費用の関係は，採算性といわれ，利益を生み出す力が大きいか，安定的に利益を生み出せるかといった損益構造の良さをいう。売上高と資産および資本との関係は，活動性あるいは資金運用力といわれ，資本や資産の回転率あるいはその逆数である回転期間の良さをいう。

　損益計算書の費用構造は，貸借対照表の資産・負債・資本構造と密接に関係している。**図表6-5**は，設備資産が減価償却費に，人的資産が人件

費に，有利子負債が金融費用にそれぞれ影響することを示している。

図表6-5　費用構造と資産・資本構造の関係

損益計算書		貸借対照表
売上原価構成　営業収益構成 減価償却費構成　営業外収益構成 人件費構成 金融費用構成		貨幣性資産構成　負債構成 棚卸資産構成　　無利子負債構成 固定資産構成　　有利子負債構成 人的資産構成　　純資産構成 　　　　　　　　人的資本構成

第3節　安全性分析の留意点

① 評価上の留意点

　企業は，経済的資源を有効かつ効率的に消費して，社会のニーズに応える財貨・サービスの提供をミッションとしている。ミッションを履行するためには，企業の存続・成長が必要であり，そのためには安全性の維持と収益性の向上が必要になる。収益性は営利企業の目的であり，収益性の高い企業は優良企業として評価される。安全性は，企業の存続のための条件であり，安全性が維持されなければ収益性の持続的向上は見込めない。しかし，安全性は，高ければ高いほど良いというわけではない。高すぎる安全性は，余裕資金が多すぎ，資金が必ずしも有効に使われていないことを意味する。この意味で，安全性は必要条件であるが十分条件ではない。それに対し，収益性は必要条件にしてかつ十分条件である。

　安全性の評価は，絶対的な評価基準がないため，どの程度であれば安全なのかはっきりしない上，十分条件ではないので高ければ良いという評価

もできない。この点が安全性の分析や評価を困難にしている。

❷ 分析上の留意点

　企業倒産は，債権者や株主に損害を与えるのみならず，倒産企業に関係する個々人の生活を危機に晒す。大規模企業の倒産では連鎖倒産を引き起こし，社会不安や経済発展の障害になることが少なくない。予期しない倒産が発生すると，「安全性の分析や倒産予測がはたして有効なのか」,「なぜ的確に安全性を分析できないのか」という疑問を提起する。

　安全性分析の信頼度が高いといえない理由として，①倒産要因の多様性，②倒産可能性の時間経過にともなう変化，③比率分析の限界と多変量解析の困難性，④分析資料の信頼性の欠如をあげることができる。

　安全性の分析は，財務分析だけでは不十分であり，質的側面とりわけ人的側面の分析を欠くことができない。企業規模が小さいほど経営者の信用能力が安全性を左右する。この意味で，信用調査を加味して判断することが求められる。信用調査は，経験・勘にもとづく観察のほかに，帝国データバンク，東京商工リサーチなどの信用調査機関から信用情報を購入することによって代替できる。

　また，安全性は，経済環境や金融環境などの外部条件，現金販売か信用販売かというような業種・販売特性，企業の歴史や規模，経営者の経営能力・信用力などによって，安全かどうかの判断が異なってくる。たとえば，企業の規模が大きいと，社会に与える影響が大きく，その分倒産回避への政治的な力が働き，また企業集団の傘下にある企業は相互の助け合いによって倒産しにくいといえる。しかし，バブル経済崩壊後は，規模や企業集団に関係なく倒産が発生している。

　以上の点から明らかなように，安全性の分析においては次の点を考慮に入れることが重要である。第1に，財務要因のみならずその他の質的な要

因を考慮に入れて分析することが必要である。考慮に入れるべき要因は多く，しかも時代や環境によって異なる。第2は，資金が多すぎることは，安全性が高くても未利用の資金が多く，経営効率が悪いことを意味する。安全性には絶対的な評価基準がなく，総合的に評価することが求められる。

第4節　安全性分析の方法

1　分析方法の種類

　安全性分析は，定性分析と定量分析に分けられる。定性分析は，財務諸表上の数値に表れない信用能力，ブランド，レピュテーションなどの質的な分析をいう。とくに経営者の信用についての調査が重要である。信用調査においては経験や勘がものをいう。企業がどのような状態におかれたときに危機に陥りやすいかは，ハウツーであるかもしれないが，経験的に明らかにされている。信用調査会社の信用調査は，理論的な分析に加え，経験，観察，勘による分析を加味している。

　定量分析は，実数分析と比率分析に分けられる。実数分析には，キャッシュフロー計算書にもとづくキャッシュフロー分析と損益計算書にもとづく損益分岐点分析がある。比率分析の方法は，次のようないくつかの視点から分類できる。

　まず，静態的比率の分析と動態的比率の分析に分けられる。静態的比率の分析には流動性に関する比率分析と健全性に関する比率分析がある。損益計算書にもとづく動態的比率の分析には，損益構造に関する比率分析と活動性に関する比率分析がある。

　第2に，構成比率（売上高，資産，資本などの全体を100％とし，それを構成する各項目の構成比をみる方法），趨勢比率（基準年度の数値100％

としてそれ以降の年度の趨勢比をみる方法),関係比率(関係する2項目の絶対値を関係づけた比率をみる方法)の分析に分けられる。これらの比率分析によって,期間比較と相互比較(企業間比較)が可能になる。

第3に,単変量分析と多変量分析に分けることができる。安全性分析の中心は,従来,流動比率のような単変量の比率分析にあった。しかし,支払能力を知るためには,①単変量の比率分析では「痒いところに手がとどかない」という限界と②安全性分析の諸比率の相互関係がはっきりしないという限界がある。そのため,前者の限界に対して実数分析としてのキャッシュフロー分析が,後者の限界に対して多変量解析による分析が重視されるようになった。

安全性の比率は,多数あるものの倒産の兆候を明確に示す比率はない。一般にキャッシュフローに関係づけた比率が倒産の兆候を比較的よく捉える。また比率には多重共線性があるため,多数の比率を分析しても必ずしも分析の効果があがるわけではない。そのため安全性分析には比率の特性と限界について認識しておくことが必要である。

さらに同じ比率であっても,経済環境やライフサイクルの段階によって評価を変える必要がある。景気が良く成長が期待できる場合には,安全性の諸比率が若干悪くてもそれほど心配はない。またライフサイクルの成熟期および衰退期には,流動比率は改善されるか一時的に上昇する傾向がみられる。

ライフサイクル段階別にみた財務的特徴を示すと,**図表6-6**のようになる。

図表6-6 ライフサイクル段階別財務的特徴

	開　発	創　業	成　長	成　熟	衰　退
財務上の問題点	研究開発費の増大	赤字の発生	利益の増大 キャッシュ・フローの増大 設備投資の過大傾向に伴う負債の過大化	キャッシュ・フローの増大と反面における売上高利益率の低下	一時的に運転資本の増大
安全性の傾向	運転資本の逼迫傾向	流動比率の低下傾向	ひき続き運転資本の逼迫傾向	流動比率の改善	一時的に流動比率上昇
成長性の主要指標	研究開発費	売上高成長率	売上高成長率	市場占有率	資本利益率
収益性の大小		創業者利益が得られれば大，赤字になる場合もある	中	大	小

❷ 分析手法の開発

　安全性分析の文献には，大きくみると「安全性分析」,「安定性分析」というようなタイトルをつけた文献と「倒産予測」というようなタイトルをつけた文献がある。両者は，財務の状態が倒産からどれほど離れた位置にあるかを明らかにすることを目的にしているが，イメージ的に，前者は単変量の分析，伝統的な比率分析からキャッシュフロー分析への発展といった特徴をもち，後者は，多変量解析，予測，質的要因の考慮といった特徴をもっている。

　安全性分析の課題を倒産回避の分析と定義づけるならば，分析の精緻さの点から安全性分析は倒産予測に収斂されていくと考えられる。現在のところ，短期的安全性には判別関数を用いた倒産予測が最もすぐれている。

しかし，倒産予測モデルは的中度の高いモデルまでには至っていない。安全性に関する各種の比率のビヘービアが多変量解析によって解明されてきており，倒産予測の発展が期待できる。

第5節　貸借対照表にもとづく静態的安全性分析

　安全性の分析は，各種の比率によって行うことができる。比率は，単位の大きい数値の比較を容易にする反面において，規模を捨象することに留意する必要がある。規模が大きいことは，大きいということによって安全性が高い場合が少なくない。金融機関にとっては，貸付額が大きいと倒産によって自分も危機に陥るおそれがあるので，簡単に切り捨てられない。また，規模が大きいと社会に対する影響が大きいため，政府や自治体などもバックアップをせざるをえない場合が多い。

❶　短期的安全性の分析

　短期的安全性は資金の流動性であり，その分析比率として流動比率，当座比率を初めとして以下のような比率がよく知られている。ただし，比率の限界や特徴を知ったうえで利用することが必要である。

$$流動比率(\%) = \frac{流動資産}{流動負債} \times 100 \quad \cdots\cdots(1)$$

　短期期的安全性の代表的な比率は流動比率である。流動比率は，アメリカで銀行が融資申込者に対して貸借対照表の提出を求め，支払能力を評価するために用いた比率であり，経営分析の嚆矢といわれる。

流動比率は，短期間に返済期限が来る流動負債に充当できる流動資産がどの程度の割合かを示す指標である。流動負債には，営業循環基準にもとづいて区分された買掛債務（買掛金，支払手形など）と，1年基準にもとづいて区分された短期借入金などの負債がある。流動資産には，当座資産，棚卸資産，その他の資産がある。当座資産は現金・預金および現金等価物（売掛債権など）であり，棚卸資産は売掛債権（売掛金，受取手形など）とともに営業循環基準にもとづいて流動資産に区分される。

　流動比率はアメリカでは200％以上必要といわれている。しかし，日米の商慣習の違い（わが国では手形決済が多い），業種の違い（例：飲料業種では在庫期間が短い），戦略などの違い（例：SPAといわれる製造，販売一体型の企業では購買過程が省略される）があり，一律に200％ということはできない。わが国の製造業では120～130％程度あれば安全といえる。非製造業ではこれより低くてもそれだけで危険と判断できない。

　流動比率の評価にあたっては，以下のような点について留意が必要である。

①営業循環過程にある棚卸資産は，販売過程および代金回収過程を経て換金化される。また，当座資産には次期以降に換金化される売掛金や受取手形が含まれている。そのため，流動負債には次期以降に支払期限の来る買掛金や支払手形もあるといえ，流動比率による支払能力の判定にはもどかしさがある。

②流動比率の良否は，売掛債権の貸倒れの可能性，短期貸付金の回収の不確実性，自社生産かアウトソーシングかなどによる資産構成の違い，資本調達政策による自己資本比率および流動負債構成率の違いによって，数値上は同じであっても質的に異なる。

③経営に行き詰まった企業が，返済資金を確保するために固定資産を売却すると流動比率は上昇する。しかしその反面において，長期的成長のための組織スラッグ（余剰資源）が失われる場合がある。近年，資産効

率を高めるため「持たない経営」が志向され，結果的に流動比率は高くなる傾向がある。組織スラッグの過剰な削減は，成長戦略の阻害要因になることを考慮に入れて，流動比率の趨勢をみることが必要である。

$$当座比率(\%) = \frac{当座資産}{流動負債} \times 100 \quad \cdots\cdots(2)$$

当座比率は，短期間に返済しなければならない流動負債に対して当座資産がどの程度準備されているかを示し，短期的支払能力を評価する指標である。当座資産は，現金および現金等価物からなる貨幣性資産であり，即時的な支払能力を有する。当座比率は，流動性の高い貨幣性資産と流動負債との対比であるから流動比率よりも短期的支払能力を的確に示すといえる。

当座比率は，短期的支払能力を端的に示すので，100％以上あれば良好，100％以下では危険と評価される。流動比率が高いのに当座比率が低い場合，不良在庫の存在が疑われ，腐敗性資産の洗い出しができる。このような比率の特性から，リトマス試験紙に比喩して酸性試験比率ともいわれる。

しかし，このような評価は絶対的なものではなく，業種・業態などによって異なる。100％以下であってもそれだけで危険とはいえない。重要なことは総合的に評価することである。

$$売掛債権対買掛債務比率(\%) = \frac{売掛債権}{買掛債務} \times 100 \quad \cdots\cdots(3)$$

売掛債権（受取手形＋売掛金）が買掛債務（支払手形＋買掛金）を上回っていれば，経常的な営業活動における支払に余裕があることを示す。売掛債権が取引先の経営の行き詰まりや連鎖倒産によって回収できないと，

買掛債務の支払に支障を来たし自社の存続が危うくなる。この視点からは，売掛債権対買掛債務比率は高いほど良い。しかし，仕入先に対して有利な取引を行っている場合には，支払期間が長くなるため買掛債務が多くなり，逆に得意先に対して有利な取引を行っている場合には売掛債権の回収期間が短くなり，売掛債務が少なくなる。したがって，流動性の評価においては，売掛債権および買掛債務の回転率あるいは回転期間を考慮に入れて判断する必要がある。

❷ 長期的安全性の分析

　長期的安全性は財務構造の健全性であり，健全であれば長期的にみて支払能力があると評価される。財務構造の検討は一般的に資産と負債および資本，負債と資本の適合関係をみることによって行われる。なお流動資産と固定資産の適合関係の評価は，流動性配列法と固定性配列法に示されるように，業種によって流動資産と固定資産のウエイトが決まってくるので重視されない。

$$固定比率(\%) = \frac{固定資産}{自己資本} \times 100 \quad \cdots\cdots(4)$$

　固定比率は，長期にわたり使用されるかあるいは保有される資産が自己資本によってどの程度充足されているかを示す。自己資本は返済義務のない資金であるから，この比率は低い方が良好と評価される。設備投資の資金を自己資本だけで調達する場合は多くないので，固定比率は100％を超える場合が多い。一般的に固定資産のウエイトが高い業種では高くなり，サービス業では低くなる傾向がある。

$$固定長期適合率(\%) = \frac{固定資産(固定負債+自己資本)}{長期資本} \times 100 \quad \cdots\cdots\cdots\cdots (5)$$

　固定長期適合率は，固定資産が長期資本（返済期間の長い固定負債と自己資本の合計）によってどの程度賄われているかを示す。この比率が100％を超えていると，固定資産の購入に流動負債が用いられて入ることを意味する。固定資産は，土地のように流動化しないか減価償却を通じて不特定資産に流動化していく建物や設備などであるから，短期間に返済しなければならな流動負債を利用した購入はリスクが大きい。経営者は設備投資あたって固定比率は悪くなっても固定長期適合率だけは100％以下になるように配慮している。たとえば，経常的な設備投資の水準を減価償却費の範囲としている企業が少なくない。

$$自己資本比率(\%) = \frac{自己資本}{総資本} \times 100 \quad \cdots\cdots\cdots\cdots\cdots\cdots\cdots\cdots\cdots\cdots\cdots\cdots\cdots (6)$$

　自己資本比率は，総資本に占める自己資本の割合をいう。自己資本比率が高いほど安全性は高いが，逆にROEに示される自己資本の利用効率は低くなる。リバレッジ効果がマイナスに作用する場合，ROEがROA以上に低下しROEを重視する株主・投資家の不信，離反を招来しやすい。

　自己資本比率は40～50％程度以上あれば良好，30％を下回れば危険といわれる。目標とする自己資本比率は，景気の変動に対する不況抵抗力，配当金と支払利息のいずれが有利かかという資本コスト，設備投資やM&Aの際の資本調達の容易さ，ガバナンスなどの視点を考慮に入れて総合的に考えることが重要である。自己資本比率が低かったわが国では，50％を超えることを目標にしている企業が多い。

$$剰余金比率（\%）= \frac{資本剰余金＋利益剰余金}{総資本} \times 100 \cdots\cdots (7)$$

$$利益剰余金比率（\%）= \frac{利益剰余金}{総資本} \times 100 \cdots\cdots (8)$$

　剰余金は，金利や配当金のような直接的な資本コストがかからない余裕資金であるとともに，使途の制限が少ないので，剰余金が多いことは財務の健全性が良好であることを示す。とくに利益剰余金は毎期の利益から留保した蓄積利益であるから，利益剰余金が多いことは健全性への寄与が大きい。

$$借入金依存度（\%）= \frac{短・長期借入金＋社債}{総資本} \times 100 \cdots\cdots (9)$$

　借入金依存度は，総資本に占める有利子負債がどの程度の割合かを示す。借入金依存度が高いと，固定費負担が大きく財務の柔軟性が低いことを意味する。

❸ 長期的安全性と短期的安全性の総合的評価

　貸借対照表は資金の調達構造と運用構造を示す。資金の調達と運用にバランスがとれているかどうかは，運転資本（金）に集約的に現れる。すなわち，**図表6-7**にみられるように，長期資本－固定資産＝運転資本（金）＝流動資産―流動負債の関係にある。運転資本は貸借対照表の貸方側，運転資金は貸借対照表の借方側で示す場合である。
　固定長期適合率と流動比率は，運転資本（金）を媒介にして，表裏の関係にある。固定長期適合率が100％以下であれば，流動比率は100％以上に

なる。したがって，流動比率を分子に固定長期適合率を分母にした資金構造適正度が1を超えれば，総合的に安全と評価することができる。

$$資金構造適正度 = \frac{流動比率}{固定長期適合率} \quad \cdots\cdots(10)$$

運転資本は，固定資産に投下されなかった長期資本であり，短期に返済を必要としない資金が流動資産に投下された額である。運転資本が総資本や他人資本に対し一定率維持されているならば，資金構造にバランスがとれていることを意味する。すなわち短期的資金は短期的資金運用に，長期的資金は長期的資金運用に向けられ，調達構造と投資構造が適切に照応していることを示す。

以上からわかるように，運転資本は営業活動の潤滑油といわれ，一定額を維持ことが求められる。運転資本が遊休化しないために，必要以上の運転資本をもたないことにも留意が必要である。運転資本は絶対値であるから，規模に対してどの程度の運転資本かをみるためには，運転資本対総資本比率や運転資本対長期資本比率などが役に立つ。運転資本の水準は事業特性によって異なるので，期間比較が中心になる。

$$運転資本対総資本比率(\%) = \frac{運転資本}{総資本} \times 100 \quad \cdots\cdots(11)$$

$$運転資本対長期資本比率(\%) = \frac{運転資本}{長期資本} \times 100 \quad \cdots\cdots(12)$$

図表6-7 資金構造と運転資本

流動資産	流動負債
運転資金	運転資本
固定資産 （繰延資産を含む）	長期資本 （固定負債＋自己資本）

長期資本（固定負債＋自己資本）－固定資産
＝ 運転資本 ＝流動資産－流動負債

第6節　損益計算書にもとづく動態的安全性分析

損益計算書にもとづく動態的安全性分析は，活動性の分析として取り上げた各種回転率，採算性の分析で取り上げた損益分岐点分析に加え，支払能力を示す以下のような比率によって行える。

手元流動性比率（倍）（月）

$$= \frac{現金預金＋流動資産中の有価証券}{月平均売上高} \quad \cdots (13)$$

インタレスト・カバレッジ（利子支払倍率）①（倍） …… (14)

$$= \frac{営業利益＋受取利息}{支払利息割引料}$$

$$金融費用負担率（\%）＝\frac{金融費用}{売上高}×100 \quad \cdots (15)$$

$$純金融費用対売上高比率（\%）＝\frac{金融費用－金融収益}{売上高}×100 \quad \cdots (16)$$

$$借入金利子率(\%) = \frac{金融費用}{借入金} \times 100 \quad \cdots\cdots\cdots (17)$$

　手元流動性は，毎月の売上高規模に比して借入金の返済や各種の支払に充当することが容易な流動資産が何倍あるかを示す。手元流動性が良好であると営業活動が毎月の支払いを支障なく行えるので，実務でよく用いられる。

　インタレスト・カバレッジ①は，事業利益（営業活動からの利益と営業外活動からの利益の合計）が支払利息の何倍あるかを示し，キャッシュフロー分析であげるインタレスト・カバレッジ②とともに，支払能力を分析する際に重視される。不良債権には，元金は支払えないが支払利息割引料は支払える段階，元金も支払利息も支払えない段階があり，この比率は安全性の段階の目安にもなる。金融費用負担率および純金融費用対売上高比率も，支払利息などの金融費用に対する負担能力を示す比率である。

　借入金利子率は他人資本コストを示す。財務内容が良く金融機関との関係において有利な立場にあれば金利は低くなり，同様に社債格付が良ければ発行社債の金利は低くなる。

　なお，回転率の分析では，売上債権回転率（売上債権/売上高）が買掛債務回転率（買掛債務/売上高）を上回っていれば，代金回収期間が代金支払期間より短く，営業活動がスムースに行っていることを示す。損益分岐点分析では，すでに説明した損益分岐点比率（損益分岐点売上高/売上高）が低く，安全余裕率（安全余裕額/売上高）が高ければ，安全性が良好であることを示す。損益分岐点比率が90％を超えるような財務体質では不況抵抗力が弱く赤字に陥りやすいので，有利子負債の削減，金利の低減が求められる。

第7章 キャッシュフロー分析

第1節　資金管理の原則

　経営活動は，財務的にみれば資本の調達・運用であり，資金の流れとして捉えることができる。資本の流れは，資本循環といわれ，**図表7-1**のように示すことができる。

図表7-1　資金の循環

調達過程 ― 運用過程 ― 生産過程 ― 販売過程 ― 回収過程 ― 分配過程

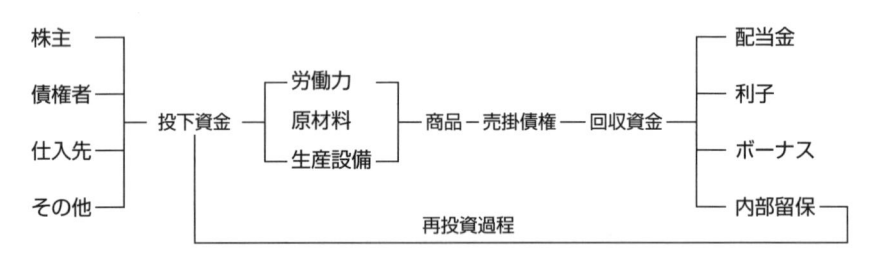

```
株主 ─┐                  ┌─労働力─┐                              ┌─配当金
債権者─┤                  │        │                              │
      ├─投下資金─┼─原材料─┼─商品─売掛債権─回収資金─┤─利子
仕入先─┤                  │        │                              ├─ボーナス
その他─┘                  └─生産設備┘                            └─内部留保─┐
                                      再投資過程
```

　経営活動の資金は，製造業の場合，株主，債権者などから集められ（資金調達過程），生産のために運用（資金投下過程）され，商品が生産される（生産過程）。商品は販売され（販売過程），現金として直接回収されるか，売掛債権として回収される（資金回収過程）。回収された資金は配当金などとして分配され（分配過程），内部留保は再投資される（再投資過程）。資金が再投資されることによって拡大再生産が行われる。

　資金が順調に回収され再投資されているならば，安全性に問題は生じない。資金がうまく循環するためには，次のような原則に準拠した経営活動の必要性がよく知られている。

①金額的適合性………資本の調達と運用が金額的に適合すること
②期間的適合性………資本の利用可能期間が資本の凍結期間より長いこと
③構造的適合性………調達資本の性質に応じた運用がなされること
④目的適合性…………資本の運用による利益が資本の調達コストを上回ること

　資金の「金額的適合性」「期間的適合性」「構造的適合性」の原則を守ることは，安全性の維持に寄与する。また，資金の「目的適合性」は，資金運用の基本原則であり，企業の存続・成長のために必須である。

１　キャッシュフロー情報の意義

　キャッシュフロー情報には，次のような２つの意義がある。まず，近年，「キャッシュフロー経営」が主張されるようになったことである。キャッシュフロー経営は，利益の最大化に代えてキャッシュフローの最大化を目的とする経営をいう。キャッシュフローが重視されるようになったのは，①将来キャッシュフローの現在価値である企業価値経営が志向されるようになったこと，②右肩上がりの経済が終焉し，「黒字倒産」「勘定あって銭足らず」という事態が生じやすくなったためである。

　次に，キャッシュフロー会計は，発生主義会計の限界を克服するものである。発生主義は，収支ではなく発生という事実にもとづいて認識した収益，費用によって損益を計算する。発生主義にもとづく損益は，期間損益計算という目的には合理的であるが，資金管理の目的には限界がある。資金管理のためには，現金および現金等価物の収支にもとづく正味のキャッシュフローを算定することが求められる。損益計算書上の利益は，相当額のキャッシュが存在することを意味しないので，安全性の分析には，正味

のキャッシュフローをみることが必要である。

第3に，キャッシュフローは，恣意的な評価が入りにくいという特徴をもっている。たとえば，減価償却方法の相違によってキャッシュフローは影響されない。キャッシュフローの計算において，減価償却費は非現金支出項目であり不特定資産として内部留保されるので，減価償却方法の違いが捨象されるためである。また，インフレ時に棚卸資産評価方法に後入先出法を採用すると，棚卸資産が相対的に低く評価され，利益は低くなる。しかし，キャッシュフローベースでの評価には棚卸資産の評価方法の違いによる影響は出てこない。

利益＝キャッシュとはならないのは，収益・費用と収入・支出には次のような関係があるためである。

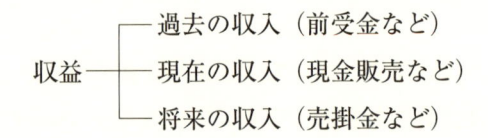

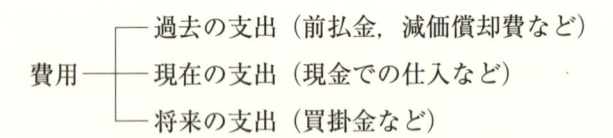

収益 ┬ 過去の収入（前受金など）
　　 ├ 現在の収入（現金販売など）
　　 └ 将来の収入（売掛金など）

費用 ┬ 過去の支出（前払金，減価償却費など）
　　 ├ 現在の支出（現金での仕入など）
　　 └ 将来の支出（買掛金など）

キャッシュフロー計算書の収支と損益計算書の損益の違いは，**図表7-2**に示すような考え方の相違から生じている。

図表7-2 キャッシュフロー計算書と損益計算書の考え方の相違

	キャッシュフロー計算書	損益計算書
計算方法	収入－支出＝資金	収益－費用＝損益
認識・測定	現金主義（現金の収入・支出の時点で測定）	費用には発生主義・収益には実現主義（費用は発生の時点で，収益は販売の時点で測定）
測定対象	資金の収入，支出のすべてを対象に測定	損益を生じる取引を対象に測定

❷ キャッシュフロー計算書の構造

キャッシュフロー計算書は，3つの部分から構成されている。

第1は，営業活動によるキャッシュフロー区分で，①営業損益計算の対象である取引によるキャッシュフロー，②投資活動および財務活動以外の取引によるキャッシュフローを示す。

第2は，投資活動によるキャッシュフロー区分で，①固定資産の取得・売却によるキャッシュフロー，②金銭の貸付および回収によるキャッシュフロー，③現金等価物に含まれない有価証券および投資有価証券の取得・売却によるキャッシュフローを示す。

第3は，財務活動によるキャッシュフロー区分で，①借入による資金の調達・返済によるキャッシュフロー，②社債の発行による資金の調達・償還によるキャッシュフロー，③株式発行による資金調達および株式発行にかかわる支出によるキャッシュフローを示す。

営業活動によるキャッシュフローは，本業による資金収支の差額であり，営業利益に照応する。営業利益の額より大幅に小さいときは，棚卸資産が増加したか，買掛債務（買掛金＋支払手形）が増加していることを示す。逆に，営業利益よりも大きいときは，棚卸資産が減少したか買掛金の回収が早まっていることを示す。

投資活動によるキャッシュフローは，その総額がプラスになっていると

きは投資の引上げを示し，マイナスになっているときは資金を追加投資していることを示す。

　財務活動によるキャッシュフローは，総額がプラスになっているときは資金を調達したことを意味し，マイナスであれば資金を返済したことを示す。

第6節　キャッシュフローによる安全性分析の方法

　キャッシュフローによる安全性の分析は，第1段階としてキャッシュフローの組合せの分析，第2段階としてキャッシュフローに関係づけた比率分析として行うことが望ましい。

❶　キャッシュフローの組合せによる分析

　まず，キャッシュフローを営業活動，投資活動，財務活動3つの区分による組合わせによって，どのような状況になっているかをみることが必要である。キャッシュフローの（+）（-）の組合せは，**図表7-3**のように8通り考えられる。

図表7-3　キャッシュフローの組合わせ

	1	2	3	4	5	6	7	8
営業活動	+	+	+	+	-	-	-	-
投資活動	+	+	-	-	+	+	-	-
財務活動	+	-	+	-	+	-	+	-

　キャッシュフローの状況として望ましいのは，営業活動からのキャッシュフローが（+）になっていることである。営業活動からのキャッシュフローが（-）の場合には，投資活動からのキャッシュフローが（+）にな

っていることが望まれる。営業活動および投資活動からのキャッシュフローがいずれも（−）の場合には，資金の借入，社債の発行，株式発行によってキャッシュフローを（＋）にすることが必要である。キャッシュフローが（−）になっている場合には，その原因を知ること重要である。

❷ キャッシュフローに関係づけた比率分析

キャッシュフローに関係づけた以下のような比率を用いて安全性分析をより正確に行うことができる。

営業キャッシュフロー対流動負債比率(％)

$$= \frac{営業キャッシュフロー}{流動負債} \times 100 \quad \cdots\cdots(1)$$

固定負債対営業キャッシュフロー（年）

$$= \frac{固定負債}{営業キャッシュフロー} \quad \cdots\cdots(2)$$

インタレスト・カバレッジ②（利子支払倍率）（倍）

$$= \frac{営業キャッシュフロー}{支払利息・割引料} \quad \cdots\cdots(3)$$

営業キャッシュフロー対総資本比率(％)

$$= \frac{営業キャッシュフロー}{総資産} \times 100 \quad \cdots\cdots(4)$$

営業キャッシュフロー対長期資本比率(％)

$$= \frac{営業キャッシュフロー}{長期資本(固定負債＋自己資本)} \times 100 \quad \cdots\cdots(5)$$

各比率の要点を説明すると，次のとおりである。営業キャッシュフロー

対流動負債比率は，当座資産をキャッシュフローに置き換えた比率であり，当座比率を精緻化したものといえる。売掛債権の回収効率を上げると当座資産が減少するので当座比率は低下し，支払能力が低くなったように見受けられる。この点で，営業キャッシュフロー対流動比率は支払能力の実体をより正確に示す。

　固定負債対営業キャッシュフローは，固定負債を営業キャッシュフローで返済した場合にかかる年数を示す。営業キャッシュフロー対長期資本比率は，流動比率や当座比率より，時系列的に早く変化を示す傾向がみられる。この意味で，安全性の代表的な比率とされてきた流動比率より有用である。

　インタレスト・カバレッジは，一般的には事業利益（営業利益＋受取利息＋配当金）／支払利息・割引料で算定される。ここに上げたインタレスト・カバレッジは，営業利益を営業キャッシュフローに置き換えた比率であり，利払能力をより的確に示す。

　営業キャッシュフローを総資本や長期資本に関係づけた比率は，長期的安全性の指標として重視され，社債の格付においても用いられている。

第8章

生産性分析

第1節　付加価値の概念

　付加価値は，以下のようにマクロ経済学およびミクロ経済学の両分野にまたがる概念であり，複数の側面をもっている。

　第1に，付加価値は，創造価値，生産価値，加工高などともいわれ，企業が外部から購入した原材料などに加工を加えることによって新たに付加した価値である。いいかえれば，付加価値は，企業の生産的努力によって生み出された成果であり，各利害関係者への配分の原資となる。

　第2に，付加価値は，費用性付加価値に利益性付加価値を加えた広義の利益である。創造された付加価値は，賃金・給与などの人件費，支払利子，税金，配当金，経営者報酬，内部留保として配分される。したがって，分配面からみれば，付加価値は，人件費（経営者報酬を含む），支払利子などの費用と税金，配当金，内部留保などの利益からなる。前者は費用性付加価値，後者は利益性付加価値である。このような広義の利益は，会計主体を企業そのものにおく企業体理論における利益概念である。

　第3に，1国の全企業の付加価値合計は国民所得と原則的に一致する。したがって，付加価値の大きさは国民所得への貢献度を示す。

❶　付加価値の計算式

　付加価値は，控除法と加算法によって計算することができる。前者は付加価値の創造面から，後者は分配面から計算する方法である。その関係を示すと，**図表8-1**のようになる。

第8章 生産性分析

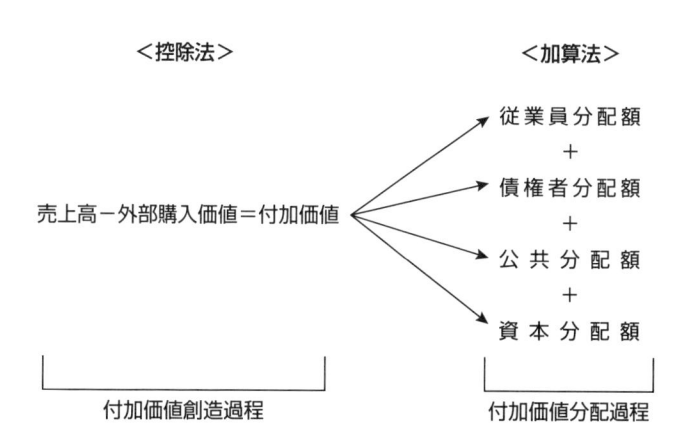

図表8−1　付加価値計算の方式

```
        <控除法>                           <加算法>
                                    従業員分配額
                                         ＋
                                    債権者分配額
   売上高−外部購入価値＝付加価値           ＋
                                    公 共 分 配 額
                                         ＋
                                    資 本 分 配 額

        付加価値創造過程               付加価値分配過程
```

　付加価値計算の控除法と加算法をもう少し詳細に示すと，次のようになる。

（控除法）
　　付加価値＝売上高−外部購入価値 ……………………………………(1)
（加算法）
　　付加価値＝人件費＋支払利子＋租税公課＋配当金＋内部留保 ………(2)

　外部購入価値は，前給付原価ともいわれ，原材料費＋外注加工費＋外部用役費などをいう。外部用益費は，修繕費・保険料・運送費・水道光熱費などをいう。

　付加価値の計算過程は，基本的には同じであるが，細部では各種の統計資料や文献によって異なっている。統計資料のなかでは，日本生産性本部『付加価値分析』が控除法，日本経済新聞社『日経経営指標』が加算法を採用している。統計資料の計算過程を示すと，以下のとおりである。

①日本生産性本部『付加価値分析』方式

　付加価値＝純売上高－{(原材料費＋支払経費＋減価償却費)＋期首棚卸高－期末棚卸高±付加価値調整額}

②日本経済新聞社『日経経営指標』方式

　粗付加価値＝人件費＋賃借料＋租税公課＋支払特許料＋減価償却実施額＋純金利負担＋利払後事業利益

注）純金利負担＝支払利息・割引料－受取利息・割引料－受取配当金

利払後事業利益＝営業利益＋受取利息・割引料・有価証券利息＋受取配当金－支払利息・割引料

　付加価値を計算する場合，計算方式に関して見解を異にする次のような諸点があるので，留意しなければならない。

(1) 売上高基準と生産高基準

　控除法による場合，外部購入価値を売上高から控除するか生産高から控除するかによって，売上高基準の付加価値と生産高基準の付加価値に分かれる。分配可能性の視点からは，売上高基準によって実現付加価値を求めることが必要である。生産高を基準にする場合には，売上高＋期首棚卸高－期末棚卸高とする。

(2) 粗付加価値と純付加価値

　外部購入価値は，前給付原価ともいわれるように，仕入先である前段階の企業が創造した付加価値であり，原材料費，外注加工費，外部用役費からなる。外部購入価値とされる項目は，理論上も統計資料上も一致していない。そのなかで，減価償却費の取扱いによって，粗付加価値と純付加価値に大別される。

　減価償却費を付加価値に含める場合は粗付加価値となり，減価償却費を

外部購入価値に含める場合は純付加価値となる。各種の統計資料など粗付加価値を利用することが多いのは，減価償却方法の違いや利益操作による影響を排除するために，減価償却費を控除する前の数値を用いるのである。

(3) 控除法と加算法

付加価値は，控除法で計算しても加算法で計算しても同じである。ただし，2つの方法には長短がある。控除法の長所は付加価値を創造・付加する生産的活動を分析できることであり，その短所は計算が複雑なことである。加算法の長所は計算が容易なことであり，その短所は付加価値が創造された経済価値であるという理論的な考え方に合致しないことである。

❷ 付加価値計算書

付加価値の創造と分配の計算過程を明らかにした会計報告書は，付加価値計算書あるいは成果計算書といわれる。このような会計報告書は，現在のところ制度化されていないので，付加価値の金額を知るためには，経営統計資料に掲載されている数値を用いるか，掲載されていない企業については，損益計算書を中心に勘定科目を組み替えることによって算定しなければならない。

第2節　生産性分析

❶ 生産性の概念

生産性は，目的量と手段量の割合，すなわちアウトプットと生産要素のインプットの関数（アウトプット／インプット）である。生産性は，アウ

トプットとインプットのとり方によって，次のように複数の生産性概念に区別できる。

(1) 物的生産性と価値的生産性

インプットの生産要素よって，物的生産性と価値的生産性に区別される。物的生産性は，分母を物量単位で把握した生産性であり，価値的生産性は，分母を価値単位で把握した生産性である。

$$ 物的生産性 = \frac{産出物量}{投入物量} \text{ or } \frac{産出価値}{投入物量} \quad\cdots\cdots(3)$$

$$ 価値的生産性 = \frac{産出価値}{投入価値} \text{ or } \frac{産出物量}{投入価値} \quad\cdots\cdots(4)$$

(2) 労働生産性と資本生産性

インプットとしての生産要素には労働と資本がある。労働生産性は労働の生産効率を示し，資本生産性は資本の生産効率を示す。労働は従業員数あるいは労働時間で把握し，資本は機械運転時間，有形固定資産，総資本などで把握する。

$$ 労働生産性 = \frac{産出}{従業員数} \text{ or } \frac{産出}{労働時間} \quad\cdots\cdots(5)$$

$$ 資本生産性 = \frac{産出}{機械運転時間} \text{ or } \frac{産出}{有形固定資産} \text{ or } \frac{産出}{総資本} \quad\cdots\cdots(6)$$

生産性の指標として各種の比率を考えることができるにしても，アウトプットとしての産出を統一的に把握できる物量数値はないので，通常，産出には付加価値がとられる。また，インプットについても投入要素である

労働と資本を統一的に把握できないので，従業員数がとられる。したがって，単に生産性といえば，付加価値労働生産性（従業員1人当たり付加価値）を指す。

❷ 生産性の分解

生産性の良否の原因を明らかにするためには，生産性を分解してみることが必要である。付加価値労働生産性は，次のように分解できる。

$$\text{付加価値労働生産性} = \frac{\text{付加価値}}{\text{従業員数}} = \underbrace{\frac{\text{総資本}}{\text{従業員数}}}_{\text{(資本集約度)}} \times \underbrace{\frac{\text{売上高}}{\text{総資本}}}_{\text{(総資本回転率)}} \times \underbrace{\frac{\text{付加価値}}{\text{売上高}}}_{\text{(付加価値率)}} \quad \cdots\cdots(7)$$

なお，以下の(8)式，(9)式に示すように資本集約度と資本回転率を掛けると従業員1人当たり売上高となり，また総資本回転率と付加価値率を掛けると資本生産性になる。従業員1人当たり売上高は売上高生産性ともいわれる。同様に1平米当たり売上高（売上高/店舗面積），1時間当たり付加価値（付加価値/マンアワー）なども生産性の指標として用いられている。

$$\underbrace{\frac{\text{売上高}}{\text{従業員数}}}_{\text{(従業員1人当たり売上高)}} = \underbrace{\frac{\text{総資本}}{\text{従業員数}}}_{\text{(資本集約度)}} \times \underbrace{\frac{\text{売上高}}{\text{総資本}}}_{\text{(総資本回転率)}} \quad \cdots\cdots(8)$$

$$\underbrace{\frac{\text{付加価値}}{\text{総資本}}}_{\text{(資本生産性)}} = \underbrace{\frac{\text{売上高}}{\text{総資本}}}_{\text{(総資本回転率)}} \times \underbrace{\frac{\text{付加価値}}{\text{売上高}}}_{\text{(付加価値率)}} \quad \cdots\cdots(9)$$

生産性は，以下の(10)式に示すように収益性の増減要因である。収益性を

総資本経常利益率で捉えると，付加価値資本生産性と資本分配率に分解できる。

$$\frac{経常利益}{総資本} = \frac{付加価値}{総資本} \times \frac{経常利益}{付加価値} \quad \cdots\cdots(10)$$

(総資本経常利益率)　(付加価値資本生産性)　(資本分配率)

第3節　分配分析

　分配分析は，企業成果としての付加価値が各利害関係者に対し，公正に分配されているかどうかの状況を明らかにすることを目的する。企業が維持・発展するためには，各利害関係者の共働が必要であり，そのためには，付加価値の配分に公平性が貫かれていることが重要である。

　付加価値は，社会的公平性を理念とし，労使協調のための具体的な指標として用いられる。すなわち，付加価値は，各利害関係者集団へ配分されるパイであり，パイの拡大とその公平な配分が労使共通の目的とされる。

　付加価値が適正に配分されているかどうか，すなわち，従業員，株主，経営者，債権者，さらに消費者，地域住民などの利害関係者の利害が公平に充足されているかどうかを検討するためには，各利害関係者集団への分配率をみればよい。分配率の主要な指標には次のようなものがある。

$$労働分配率(\%) = \frac{人件費}{付加価値} \times 100 \quad \cdots\cdots(11)$$

$$債権者分配率(\%) = \frac{金融費用}{付加価値} \times 100 \quad \cdots\cdots(12)$$

$$公共分配率(\%) = \frac{租税公課}{付加価値} \times 100 \quad \cdots\cdots(13)$$

$$\text{資本分配率}(\%) = \frac{\text{当期純利益}}{\text{付加価値}} \times 100 \quad \cdots\cdots\cdots\cdots\cdots\cdots\cdots\cdots\cdots\cdots\cdots\cdots\cdots \quad (14)$$

労働分配率と資本分配率には代替的な関係があるので,利害調整を必要とする。(15)式からわかるように,生産性を一定とすると,従業員の給与水準を上げるためには労働分配率を高めなければならない。パイが同じであれば,特定のステークホルダーへの分配を増やすためには,他のステークホルダーを犠牲にして分配率を高めざるをえない。この意味で,生産性の向上はステークホルダー共通の目的になる。

$$\underbrace{\frac{\text{人件費}}{\text{従業員数}}}_{(1\text{人当たり人件費})} = \underbrace{\frac{\text{付加価値}}{\text{従業員数}}}_{(\text{付加価値労働生産性})} \times \underbrace{\frac{\text{人件費}}{\text{付加価値}}}_{(\text{人件費分配率})} \quad \cdots\cdots\cdots\cdots\cdots\cdots\cdots\cdots \quad (15)$$

第9章

むすびにかえて
―分析結果の報告―

経営分析の意義は，経営活動の結果としての財務諸表上の数値を読み解くこと，すなわち，良否の判断と良否の原因がどこにあるのかを明らかにすることにある。このために用いられるのが比率である。比率分析は，それ自体ではわかりにくい数値を比率で捉えることによって良否を理解しやすくするとともに，比率を分解することによって原因を探求することができる。比率の良否を判断するためには，何らかの基準と比較する必要がある。その基準となるものが過年度の数値，業界平均やベンチマークの数値である。

　分析において，看過してならないのが総合的に考察することの重要性である。

第1節　総合評価の必要性

　比率分析の特徴は比率の分解にあるが，その反面において総合が必要である。分解しただけでは「木をみて森をみず」に陥りやすいので，分解の反面において総合が必要である。総合は全体として良いか悪いかを判断するための手法といえる。たとえば，収益性の諸比率は高いが安全性の諸比率が低い場合，どのように評価するかということである。ベンチャ企業の創業期には収益性が高く積極的な設備投資によって成長性も高い財務状況がよくみられる。しかし，設備投資が活発であると，内部留保や株式発行による自己資金を準備する余裕がなく，借入金過多になりやすい。このため，財務的には安全性が低く，労働条件など社会性の悪さを引き起こしがちである。一面だけに目を奪われないためには，総合評価が必要である。

　総合評価の方法としてよく知られているのがレーダー・チャートである。これは，成長性，収益性，安全性などの主要比率をレーダーで示し，標準（業界平均），ベンチマーク，競争相手との比較を視覚的に容易にする方法

第9章　むすびにかえて―分析結果の報告―

である。レーダー・チャートを作成するばあいに注意しなければならないのは，流動比率（流動資産／流動負債）のように高い方が良い比率と，固定比率（固定資産／自己資本）のように低い方が良い比率がある点である。このため低い方が良い比率は，（注）を付したうえで分母，分子を逆にする修正が必要である。

　レーダー・チャートは，良否の評価を指数のように単一の数値によって示すものではない。したがって，それをみる人にわかりやすく解説することが求められる。繰り返しになるが，株主・投資家，債権者，従業員などステークホルダーによって関心の焦点が異なるので，収益性にウエイトを置くか安全性にウエイトを置くかなど解説も異なってくる。**図表9-1**は，日本ビジネスドック指導診断協会というコンサルタント事務所の報告書のレーダー・チャートである。決まった方法はないので，特徴のあるレーダー・チャートを作成することができる。

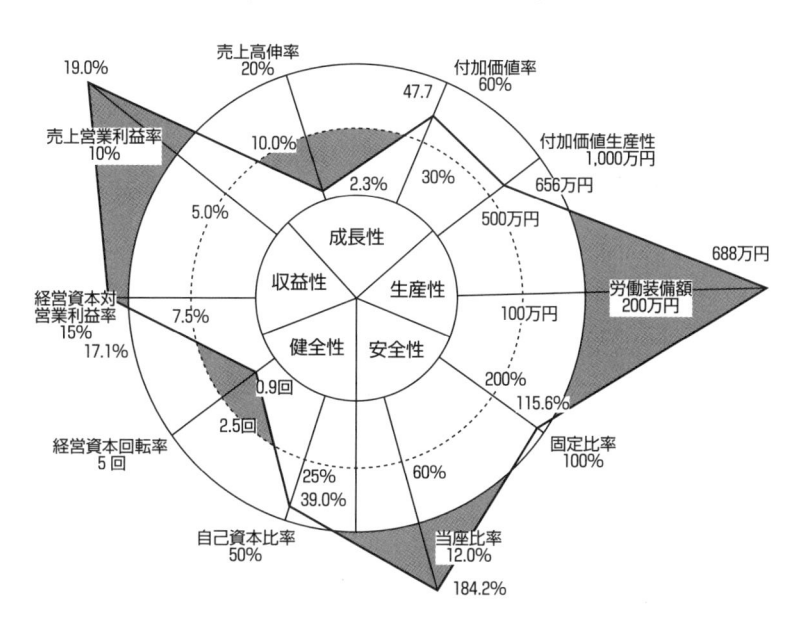

図表9-1　レーダー・チャート

第2節　経営分析の報告書

　特定のステークホルダーから経営分析を依頼されている場合には，分析結果を報告する必要がある。報告書の形式に一般的なものがあるわけではなく，依頼者の要求に応じて理解しやすい報告書を作成することが求められる。

　分析結果は，原因変数→中間変数→結果変数というプロセスにしたがって纏めるとわかりやすい。以下は，企業がおかれた経済環境と業界状況の下で，企業特性（企業文化，強みと弱み，業界での競争力など）を生かした戦略・管理が行われているかどうかを，財務諸表を中心に多面的に分析し，総合的に評価するとともに持続的成長性の視点からコメントする場合の例である。

　Ⅰ　企業環境
　　1　経済環境
　　2　業界の競争状況
　Ⅱ　分析対象企業の状況
　　1　社史・業種・業界状況
　　2　経営者
　　3　業界におけるポジショニング
　Ⅲ　経営戦略・管理
　　1　戦略の特徴
　　2　管理の状況
　Ⅳ　要約財務諸表
　Ⅴ　分析結果
　　1　定量的分析

①成長性
②収益性
③生産性
④安全性
2　定性的分析
①社会的責任・貢献
②環境責任
Ⅵ　総合評価
1　レーダー・チャート
2　コメント

　限られた時間と資料で効率的に分析するためには，ポイントをついた分析を行うことが求められる。そのためには分析目的に応じた分析が重要であり，報告書の内容やボリュームも必然的に要求に応じて異なってくる。報告書は理解しやすいことが重要であり，レーダー・チャートによって全体像を視覚的に把握できるようにすることが有用である。

第3節　経営分析のエッセンス

1　分析の意義

　経営分析は，主として比率を用いて「見えにくいものを見えるようにする」技法である。すなわち，良否の判断がつきにくい財務諸表上の数値を良否の判断がしやすいようにする方法である。このための比率は多数ある。本書では基本的な比率に絞って説明してきたが，理論的に精緻化した比率も少なくない。精緻化した比率を理解できるようになるためには，まず基

本的な比率の意義，特徴，限界を知ることが必要である。

　比率の意味を理解できるためには，「急がば回れ」で一度は自分で比率を算定してみることである。算定の過程で財務会計論に精通していることの必要性が分かるはずである。比率の意味が理解できれば，各社の比率の実数値を掲載している『日経経営指標』などの統計資料を利用すれば，分析の効率をあげることができる。

　比率の実数値があれば，経営活動の良否は評価できる。しかし，なぜそのような数値になったのかを明らかにするためには，比率の背後にある戦略と管理に結びつけて判断する必要がある。そのためには，経営学の諸理論にも通じていなければならない。比率を算定することそれ自体は，単なる技術論にすぎなくても，広い知見をもっていない比率の良否を的確に評価できない。この意味で，経営分析は学際的なアプローチということができる。

　アップツーデートな比率は自分で算定せざるを得ないが，過去の比率については，日本経済新聞社『日経経営指標』などの統計資料から入手することもできる。この場合，比率の算定の仕方が統一されていないと比較可能性が確保できない。比率の意義は同じでも，分子，分母の取り方に違いがあり，算定式が異なっている場合もあるので，このような場合には『日経経営指標』に統一すればよい。

❷ 『日経経営指標』の比率

　『日経経営指標』は，研究でも実務でも利用されている。取り上げられている比率は，本書で説明した比率とほぼ同じである。掲載されている比率とその算定式を以下にあげるので，分析を行う際に利用して欲しい。

第9章 むすびにかえて―分析結果の報告―

参考 『日経経営指標』の比率

〈単独決算〉
◇指標の算式
〔安定性〕

①流動比率（％）
$$=\frac{流動資産合計}{流動負債合計}\times 100$$

②当座比率（％）
$$=\frac{当座資産合計}{流動負債合計}\times 100$$

③固定比率（％）
$$=\frac{固定資産合計}{資本合計}\times 100$$

④固定長期適合比率（％）
$$=\frac{固定資産合計}{固定負債合計＋特別法上の準備金＋資本合計}\times 100$$

⑤自己資本比率（％）
$$=\frac{資本合計}{負債合計＋純資産合計}\times 100$$

⑥負債比率（％）
$$=\frac{負債合計}{資本合計}\times 100$$

⑦経常収支比率（％）
$$=\frac{経常収入}{経常支出}\times 100$$

（注） 経常収入＝売上高＋営業外収益－売上債権（受取手形＋売掛金＋受取手形割引残高＋受取手形裏書譲渡高）純増額＋前受金・前受収益純増額－未収入金・未収収益純増額

経常支出＝売上原価＋販売費一般管理費＋営業外費用－買入債務（買掛金＋支払手形）純増額＋棚卸資産純増額＋前渡金・前払費用純増額－未払金・未払費用純増額－減価償却実施額－貸倒引当金・投資損失引当金純増額－（割賦販売未実現利益＋未払法人税等＋未払賞与・賞与引当金＋退職給付引当金＋役員退職慰労引当金＋その他負債性引当金）純増額

⑧売上債権対買入債務比率（％）
$$=\frac{受取手形・売掛金＋受取手形割引高}{支払手形・買掛金}\times 100$$

⑨手元流動性比率（倍）
$$=\frac{現金・預金＋有価証券＋営業貸付金・営業投資有価証券}{売上高・営業収益}\times 12$$

⑩借入金依存度（％）
$$=\frac{有利子負債額－従業員預り金}{負債・純資産合計＋受取手形割引高＋同裏書譲渡高}\times 100$$

⑪自己金融比率（％）

$$=\frac{\begin{array}{l}今期（資本合計－資本金－新株式払込金－申込証拠金－資本準備金＋退職給付\\引当金＋役員退職慰労引当金＋その他の長期引当金）－前期（資本合計－資本\\金－新株式払込金－申込証拠金－資本準備金＋退職給付引当金＋役員退職慰労\\引当金＋その他の長期引当金）＋減価償却実施額＋減損損失\end{array}}{今期有形固定資産合計－前期有形固定資産合計＋減価償却実施額＋減損損失}\times 100$$

⑫インタレストカバレッジ（倍）

$$=\frac{営業利益＋受取利息・割引料・有価証券利息}{支払利息・割引料}$$

〔収益性〕

⑬売上高営業利益率（％）

$$=\frac{営業利益}{売上高・営業収益}\times 100$$

⑭売上高経常利益率（％）

$$=\frac{経常利益}{売上高・営業収益}\times 100$$

⑮売上高利益率（％）

$$=\frac{当期利益（当期純利益）}{売上高・営業収益}\times 100$$

⑯売上高EBIT率（％）

$$=\frac{経常利益＋支払利息・割引料}{売上高・営業収益}\times 100$$

⑰売上高利払後事業利益率（％）

$$=\frac{営業利益＋受取利息・割引料・有価証券利息＋受取配当金－支払利息・割引料}{売上高・営業収益}\times 100$$

⑱自己資本利益率〔ROE〕（％）

$$=\frac{当期利益（当期純利益）}{資本合計の2期平均}\times 100$$

⑲使用総資本利益率（％）

$$=\frac{当期利益（当期純利益）}{負債・純資産合計の2期平均}\times 100$$

⑳企業利潤率（％）

$$=\frac{\begin{array}{l}当期利益（当期純利益）＋法人税・住民税・事業税計＋法人税等調整額＋過年\\度法人税等追徴＋支払利息・割引料\end{array}}{（資産合計＋受取手形割引高・同裏書譲渡高）の2期平均}\times 100$$

㉑売上高原価率（％）

$$=\frac{売上原価・営業原価＋割賦販売未実現利益・返品調整引当金差額}{売上高・営業収益}\times 100$$

㉒売上高販管費率（％）

$$=\frac{販売費一般管理費}{売上高・営業収益}\times 100$$

㉓売上高純金利負担率（％）

$$=\frac{支払利息・割引料－受取利息・割引料・有価証券利息－受取配当金}{売上高・営業収益}\times 100$$

第9章 むすびにかえて―分析結果の報告―

㉔売上高人件費率（％）

$$= \frac{人件費}{売上高・営業収益} \times 100$$

（注）人件費は㉜参照

〔成長性〕

㉕増収率（％）

$$= \frac{今期売上高・営業収益 - 前期売上高・営業収益}{前期売上高・営業収益} \times 100$$

㉖ 5 年間平均増収率（％）

$$= \left(\sqrt[5]{\frac{当期売上高・営業収益}{5年前売上高・営業収益}} - 1 \right) \times 100$$

㉗経常増益率（％）

$$= \frac{今期経常利益 - 前期経常利益}{前期経常利益} \times 100$$

㉘増益率（％）

$$= \frac{今期当期利益（当期純利益） - 前期当期利益（当期純利益）}{前期当期利益（当期純利益）} \times 100$$

㉙付加価値増加率（％）

$$= \frac{当期粗付加価値額 - 前期粗付加価値額}{前期粗付加価値額} \times 100$$

㉚自己資本成長率（％）

$$= \frac{今期資本合計 - 前期資本合計}{前期資本合計} \times 100$$

〔生産性〕

㉛粗付加価値額（100万円）

= 人件費＋賃借料＋租税公課＋支払特許料＋減価償却実施額＋純金利負担＋利払後事業利益

（注）2003年版から計算式変更。純金利負担＝支払利息・割引料－受取利息・割引料－受取配当金。利払後事業利益＝営業利益＋受取利息・割引料＋有価証券利息＋受取配当金－支払利息・割引料

㉜人件費（100万円）

= 製造原価中の労務費・福利厚生費＋販管費中の役員報酬賞与・給料手当・退職金・退職給付引当金繰入額・福利厚生費

㉝労働生産性（万円）

$$= \frac{粗付加価値額}{従業員数の 2 期平均}$$

㉞ 1 人当たり売上高（万円）

$$= \frac{売上高・営業収益}{従業員数の 2 期平均}$$

㉟ 1 人当たり利益（万円）

$$=\frac{\text{当期利益（当期純利益）}}{\text{従業員数の2期平均}}$$

㊱1人当たり人件費（万円）

$$=\frac{\text{人件費}}{\text{従業員数の2期平均}}$$

㊲使用総資本投資効率（%）

$$=\frac{\text{粗付加価値額}}{\text{資産合計の2期平均}}\times 100$$

㊳設備投資効率（%）

$$=\frac{\text{粗付加価値額}}{\text{（有形固定資産－建設仮勘定）の2期平均}}\times 100$$

㊴労働装備率（万円）

$$=\frac{\text{（有形固定資産－建設仮勘定）の2期平均}}{\text{従業員数の2期平均}}$$

㊵資本集約度（万円）

$$=\frac{\text{資産合計の2期平均}}{\text{従業員数の2期平均}}$$

㊶売上高付加価値率（%）

$$=\frac{\text{粗付加価値額}}{\text{売上高・営業収益}}\times 100$$

㊷労働分配率（%）

$$=\frac{\text{人件費}}{\text{粗付加価値額}}\times 100$$

㊸自己資本分配率（%）

$$=\frac{\text{当期利益（当期純利益）}}{\text{粗付加価値額}}\times 100$$

〔その他指標〕

㊹使用総資本回転率（回）

$$=\frac{\text{売上高・営業収益}}{\text{負債・純資産合計の2期平均}}$$

㊺固定資産回転率（回）

$$=\frac{\text{売上高・営業収益}}{\text{固定資産合計の2期平均}}$$

㊻流動資産回転日数（日）

$$=\frac{\text{流動資産合計の2期平均}}{\text{売上高・営業収益}}\times 365$$

㊼棚卸資産回転日数（日）

$$=\frac{\text{棚卸資産合計の2期平均}}{\text{売上高・営業収益}}\times 365$$

㊽売上債券回転日数（日）

$$=\frac{\text{（受取手形・売掛金＋受取手形割引高）の2期平均}}{\text{売上高・営業収益}}\times 365$$

㊾買入債務回転日数（日）

$$=\frac{支払手形・買掛金の2期平均}{売上高・営業収益}\times 365$$

㊿1株当たり自己資本（円）

$$=\frac{資本合計}{期中平均株式数}$$

（注） 発行済み株式数については、2002年版までは、業種平均を計算する際には額面を50円換算していたが、2001年の商法改正により額面の概念がなくなったことに伴い、2003年版からは各社の発行済み株式数をそのまま集計して使う方式に変更している。以下、㊶、㊷についても同じ。

㊶1株当たり利益（円）

$$=\frac{当期利益}{期中平均株式数}$$

㊷1株当たりキャッシュフロー（円）

$$=\frac{キャッシュフロー}{期中平均株式数}$$

（注） キャッシュフロー＝当期利益＋減価償却実施額＋減損損失－（当期中普通株配当金＋当期中優先株配当金＋当期末普通株配当金＋当期末優先株配当金＋当期中役員賞与＋当期末役員賞与）

〔企業規模〕
◇実数値
㊳流動資産
㊴固定資産
㊵資産合計
㊶流動負債
㊷固定負債
㊸資本合計
㊹売上高
㊺営業利益
㊻経常利益
㊼当期利益（当期純利益）
㊽発行済み株式数（千株）……期末発行済み株式数。㊿の（注）参照
㊾期末従業員数（人）

〈連結決算〉
◇指標の算式
〔安定性〕
①流動比率（％）

$$=\frac{流動資産合計}{流動負債合計}\times 100$$

②固定比率（％）

$$=\frac{固定資産合計}{資本合計}\times 100$$

139

③自己資本比率（％）

$$=\frac{\text{資本合計}}{\text{負債合計}+\text{純資産合計}}\times 100$$

④負債比率（％）

$$=\frac{\text{負債合計}}{\text{資本合計}}\times 100$$

⑤経常収支比率（％）

$$=\frac{\text{経常収入}}{\text{経常支出}}\times 100$$

　　（注）　経常収入＝売上高＋営業外収益－売上債権（受取手形＋売掛金＋受取手形割引残高＋受取手形裏書譲渡高）純増額＋前受金・前受収益純増額－未収入金・未収収益純増額

　　　　　　経常支出＝売上原価＋販売費一般管理費＋営業外費用－買入債務（買掛金＋支払手形）純増額＋棚卸資産純増額＋前渡金・前払費用純増額－未払金・未払費用純増額－減価償却実施額－貸倒引当金・投資損失引当金純増額－（割賦販売未実現利益＋未払法人税等＋未払賞与・賞与引当金＋退職給付引当金＋役員退職慰労引当金＋その他負債性引当金）純増額

⑥有利子負債額（100万円）

　　＝短期借入金＋コマーシャルペーパー＋1年内返済の長期借入金＋1年内償還の社債・転換社債＋従業員預り金＋社債・転換社債＋長期借入金＋受取手形割引高

⑦有利子負債対自己資本比率（％）

$$=\frac{\text{有利子負債額}}{\text{資本合計}}\times 100$$

⑧インタレストガバレッジ（倍）

$$=\frac{\text{営業利益}+\text{受取利息・割引料・有価証券利息}}{\text{支払利息・割引料}}$$

〔収益性〕

⑨売上高営業利益率（％）

$$=\frac{\text{営業利益}}{\text{売上高・営業収益}}\times 100$$

⑩売上高経常利益率（％）

$$=\frac{\text{経常利益}}{\text{売上高・営業収益}}\times 100$$

⑪売上高利益率（％）

$$=\frac{\text{当期利益（当期純利益）}}{\text{売上高・営業収益}}\times 100$$

⑫自己資本利益率〔ROE〕（％）

$$=\frac{\text{当期利益（当期純利益）}}{\text{資本合計の2期平均}}\times 100$$

⑬使用総資本営業利益率（％）

$$=\frac{\text{営業利益}}{\text{負債合計}+\text{純資産合計の2期平均}}\times 100$$

第9章 むすびにかえて―分析結果の報告―

⑭使用総資本経常利益（％）

$$= \frac{経常利益}{負債合計＋純資産合計の2期平均} \times 100$$

⑮使用総資本利益率（％）

$$= \frac{当期利益（当期純利益）}{負債合計＋純資産合計の2期平均} \times 100$$

⑯投資収益率（％）

$$= \frac{営業利益＋受取利息・割引料・有価証券利息＋受取配当金}{前期資産合計－前期流動資産合計＋前期流動負債合計} \times 100$$

⑰売上高純金利負担率（％）

$$= \frac{支払利息・割引料－受取利息・割引料・有価証券利息－受取配当金}{売上高・営業収益} \times 100$$

⑱売上高減価償却費率（％）

$$= \frac{減価償却費}{売上高・営業収益} \times 100$$

〔成長性〕

⑲増収率（％）

$$= \frac{今期売上高・営業収益－前期売上高・営業収益}{前期売上高・営業収益} \times 100$$

⑳5年間平均増収率（％）

$$= \left(\sqrt[5]{\frac{当期売上高・営業収益}{5年前売上高・営業収益}} - 1 \right) \times 100$$

㉑経常増益率（％）

$$= \frac{今期経常利益－前期経常利益}{前期経常利益} \times 100$$

㉒増益率（％）

$$= \frac{今期当期利益（当期純利益）－前期当期利益（当期純利益）}{前期当期利益（当期純利益）} \times 100$$

㉓自己資本成長率（％）

$$= \frac{今期資本合計－前期資本合計}{前期資本合計} \times 100$$

〔その他指標〕

㉔1人当たり売上高（万円）

$$= \frac{売上高・営業収益}{従業員数の2期平均}$$

㉕使用総資本回転率（回）

$$= \frac{売上高・営業収益}{負債合計＋純資産合計の2期平均}$$

㉖棚卸資産回転日数（日）

$$= \frac{棚卸資産合計の2期平均}{売上高・営業収益} \times 365$$

㉗売上債券回転日数（日）

$$=\frac{(受取手形・売掛金＋受取手形割引高) の2期平均}{売上高・営業収益}\times 365$$

㉘1株当たり自己資本（円）

$$=\frac{資本合計}{期中平均株式数}$$

(注) 発行済み株式数については、2002年版までは、業種平均を計算する際には額面を50円換算していたが、2001年の商法改正により額面の概念がなくなったことに伴い、2003年版からは各社の発行済み株式数をそのまま計算して使う方式に変更している。以下、㉙、㉚についても同じ。

㉙1株当たり利益（円）

$$=\frac{当期利益（当期純利益）}{期中平均株式数}$$

㉚1株当たりキャッシュフロー（円）

$$=\frac{キャッシュフロー}{期中平均株式数}$$

(注) キャッシュフロー＝当期利益（当期純利益）＋減価償却実施額＋減損損失－（普通株配当金＋優先株配当金＋役員賞与）

㉛フリーキャッシュフロー（100万円）

＝調整営業キャッシュフロー＋調整投資キャッシュフロー

(注) 受取利息・配当金、支払利息は営業キャッシュフローに含む。

㉜EBITDA（100万円）

＝経常利益＋支払利息・割引料＋減価償却実施額

㉝キャッシュフロー対負債比率（％）

$$=\frac{キャッシュフロー}{負債合計の2期平均}\times 100$$

㉞総配分性向（％）

$$=\frac{当期配当総額＋自己株式取得額}{当期利益（当期純利益）}\times 100$$

(注) 配当金は「繰り上げ方式」ではなく、「確定方式」を採用している。すなわち、3月決算でいえば、09年3月期の期中の08年6月末に支払われた08年3月期分の期末配当と、08年11月末に支払われた中間配当が09年3月期の配当金として扱われている。㉟㊱についても同じ。当期利益（当期純利益）が赤字で有配の場合は、「－」とした。㉟についても同じ。また、資本剰余金からの配当金を含む。

㉟配当性向（％）

$$=\frac{配当金}{当期利益（当期純利益）}\times 100$$

(注) 配当性向の計算に当たっては、資本剰余金からの配当は無視し、利益剰余金からの配当金のみで計算した。㊱についても同じ。

㊱自己資本配当率〔DOE〕（％）

$$=\frac{配当金}{資本合計}\times 100$$

索 引

あ

安全性……93

EBITDA……48
インタレスト・カバレッジ……108,117

売上債権回転率……57
売上高利益率……48
売掛債権対買掛債務比率……103
運転資本……106
運転資本対総資本比率……107
運転資本対長期資本比率……107

営業キャッシュフロー対総資本比率……117
営業キャッシュフロー対長期資本比率……117
営業キャッシュフロー対流動負債比率……117
NOPAT……48

か

概算法……81
価値的生産性……124
活動性……46,52
株価収益率……39
株価純資産倍率……39
株主価値……38
借入金依存度……106
借入金利子率……109
関係比率……7
管理的リスク……88

期間的適合性……113
企業評価……2

企業目的……18
規模の拡大……19
キャッシュフロー会計……113
キャッシュフロー経営……113
業績評価……2
金額的適合性……113
金融費用負担率……108

経営資本……38
経営資本営業利益率……37
経営分析……2
経営分析の報告書……132
結果変数……13
原因変数……13
限界利益……71
限界利益図表……70
限界利益方式の損益分岐図表……69
減価償却率……61
健全性……95

恒常性……93
構成比率……6
構造的適合性……113
固定資産回転率……59
固定長期適合率……105
固定費……75
固定比率……104
固定負債対営業キャッシュフロー……117
個別費用法……79
固変分解……74

さ

採算性……46

最小自乗法	84	総合評価	130
財務諸表	8	総資本回転率	56
財務レバレッジ	41	総資本利益率	35
散布図表法	83	総費用法	81
		損益分岐図表	67
資金運用力	46	損益分岐点	64
資金構造適正度	107	損益分岐点の基本公式	71
資金の運用力	52	損益分岐点比率	71

た

自己資本蓄積効率	28	棚卸資産回転率	58
自己資本比率	105	短期的安全性	101
自己資本利益率	37		
持続的成長性	4	中間変数	13
実数分析	6	長期的安全性	104
質の向上	19		
資本回転期間	53	定性分析	5
資本回転率	53	定量的分析	5
資本生産性	124	適応性	94
資本利益率	35	手元流動性比率	108
収益性	34		
純金融費用対売上高比率	108	当座比率	103
準固定費	76	倒産要因	89,90
準変動費	76	動態的均衡関係からみた安全性	95
剰余金比率	106		

な

趨勢比率	6	内部留保蓄積効率	28
		内部留保負担率	28

は

生産性	123	配当性向	39
生産性の分解	125	配当率	39
静態的均衡関係からみた安全性	94	配当利回り	39
成長可能性の分析	27		
成長の概念	18	比較可能性	10
成長要因	22	1株当たり当期純利益	39
成長率の分析	26	1株当たり純資産	39
設備投資対営業キャッシュフロー比率	30		
設備投資対減価償却費比率	30		
設備投資対投資キャッシュフロー比率	30		
戦略的リスク	88		

1株当たり配当金	39
百分率損益計算書	6
百分率貸借対照表	6
費用動態	75
費用分解	76
比率のピラミッド	12
比率の分解	11
比率の分解	46
比率分析	6
付加価値	120
付加価値の計算式	120
物的生産性	124
フリーキャッシュフロー	30
分析資料の限界	10
分析資料の種類	8
分析体系	3

ベンチマーキング	11
変動費	75

ま

目的適合性	113

ら

ライフサイクルの進展	20
ライフサイクル分析	20
利益剰余金比率	106
流動性	95
流動比率	101
レーダー・チャート	131
労働生産性	124

〈著者紹介〉
石崎　忠司（いしざき・ただし）
中央大学商学部教授，博士（会計学）
専門分野は，経営分析、企業評価などの管理会計領域

〈主な著書〉
『非営利組織の財源調達』（共編著）全国公益法人協会，2010年
『失われた10年』（監修）中央大学出版部，2010年
『公共性志向の会計学』（共編著）中央経済社，2009年
他多数

平成23年9月30日　初版発行	《検印省略》 略称：石崎分析

エッセンシャル経営分析

著　者　ⓒ石　崎　忠　司
発行者　　中　島　治　久

発行所　**同 文 舘 出 版 株 式 会 社**
　　　　東京都千代田区神田神保町1-41　〒101-0051
　　　　営業（03）3294-1801　　編集（03）3294-1803
　　　　振替 00100-8-42935 http://www.dobunkan.co.jp

Printed in Japan 2011　　　　　　製版：一企画
　　　　　　　　　　　　　　　　印刷・製本：KMS

ISBN978-4-495-38051-9